JÖRG MÜLLER
ICH HABE DICH GERUFEN

JÖRG MÜLLER

Ich habe dich gerufen

MEINE ERFAHRUNGEN MIT GOTT

J. F. STEINKOPF VERLAG

Es nimmt kein Ende mit dem vielen Bücherschreiben. (Pred 12,12)

Wir können unmöglich schweigen über das, was wir gesehen und gehört haben. (Apg 4,20)

Die Deutsche Bibliothek – CIP-Einheitsaufnahme
Müller, Jörg:
Ich habe dich gerufen: meine Erfahrungen mit Gott/
Jörg Müller. – Stuttgart: Steinkopf, 1992
ISBN 3-7984-0720-7

2 3 4 5   99 97 95 93

Einbandgestaltung: Heidi Müller, München; Atelier Reichert, Stuttgart
Foto: Braitsch, Trier
Reproduktion: pkom Ulf Dengler, Stuttgart
Gesamtherstellung: Clausen & Bosse GmbH, Leck
Alle Rechte vorbehalten
© J. F. Steinkopf Verlag GmbH, Stuttgart, Hamburg 1992

Vorwort

Dieses Buch begann ich vor sieben Jahren zu schreiben, indem ich einzelne Begebenheiten auf kleine Kärtchen notierte. Da ich mich auf das Wesentliche konzentrierte und manches inzwischen vergessen habe, ist es nicht dick, aber dicht geworden. Es enthält Erinnerungen, Deutungen, Bewertungen. Es ist persönlich, angreifbar und provokant. Meine Absicht ist es, den Leser für seine eigenen Gottesbegegnungen sensibel zu machen; denn Gott kann jeden von uns gebrauchen, den größten Sünder. Niemand soll sagen, Gott habe an ihm kein Interesse.
Zum Schutz der Personen sind manche Fallbeschreibungen so verändert, daß die Anonymität der Betreffenden gewahrt bleibt. Ich widme das Buch all denen, deren Namen hier erwähnt sind. Ganz besonders danke ich meinen Eltern, die mir durch ihre enorme Geduld und immerwährende Ermutigung ermöglicht haben, die hier beschriebenen Wege und Umwege zu gehen.
Mein Dank gilt auch Gertrud Angerhofer und Martin Hillebrand für die Durchsicht des Skriptums; ebenso meiner Schwester, die meine sämtlichen Bücher im J. F. Steinkopf Verlag graphisch gestaltete.

Freising, im Juni 1992

Der Ernst des Lebens beginnt

»Jetzt beginnt der Ernst des Lebens«, sagte meine Mutter, als ich 1950 vom Kindergarten zur katholischen Volksschule meiner Heimatstadt überwechselte. Wie ernst es werden sollte in jenen hoffnungsvollen Nachkriegsjahren, hätte ich in meinen kühnsten Alpträumen nicht zu fürchten gewagt. Ich ging also von nun an jeden Morgen fünfhundert Meter weit zur benachbarten Volksschule, bereit, mich zu einem mündigen Menschen erziehen zu lassen. Diesen Vorgang nannten die Lehrer »Bildung«; sie meinten damit das Heranziehen der jungen Generation zu Verantwortung, Selbständigkeit und kritischem Denken. Aber das hatte ich damals noch nicht begriffen. Erst einige Jahre später, auf dem Gymnasium, wurde mir klar, wie bedrohlich es sein konnte, verantwortlich, selbständig und kritisch zu handeln, vor allem, wenn es gegen jene gerichtet war, die es uns beibrachten.
Fräulein Coen, unsere Klassenlehrerin, war sehr beliebt. Sie besaß die seltene, bei Lehrern nicht häufig vorzufindende Fähigkeit des Einfühlungsvermögens und der Freundlichkeit; sie verstand es auch, die in uns ruhenden Begabungen zu wecken. Sie war es, die das malerische Talent meiner Schwester entdeckte und förderte, indem sie, mit Vorliebe für das Detail, uns auftrug, die Hausaufgaben mit allerlei Ornamenten zu schmücken. So saßen wir am Nachmittag stundenlang zu

Hause und verwandten unsere ganze Phantasie und Sorgfalt dazu, die Heftränder und Blattecken mit bunten Mustern liebevoll zu verzieren. Das waren die ersten und letzten Hausaufgaben, die ich gern und spielerisch ausführte, ohne dabei jenen bitteren Beigeschmack des Leistungsdrucks zu verspüren, der späteren Hausaufgaben anhaftete.
Einmal kontrollierte Herr W., ein stämmiger, hochgewachsener Mann, der uns Angst wie Ehrfurcht gleichermaßen einflößte, unsere Hefte. Als er meine hochbegabten Verzierungen sah, auf die ich besonders stolz war, wenngleich sie in ihrer Präzision nicht an die meiner Schwester heranreichten, folgte ein Donnerwetter, das mir noch lange in den Knochen lag.
»Sieh mal an, der Müller!« dröhnte es über meinem gesenkten Kopf, »beschmiert sein Heft mit Farbstiften.«
Er hielt mein niederträchtiges Werk allen zur Warnung in die Höhe und fuhr fort: »Du hast wohl nichts Besseres zu tun, wie? Für morgen machst du das Ganze noch einmal, ist das klar? Aber sauber. Wir machen hier Rechnen, nicht Kritzeln.«
Da saß ich nun, zwischen Angst und Wut schwankend, und fragte mich, warum der eine Lehrer etwas verbietet, was ein anderer wünscht.
In diesen ersten Schuljahren bemühten sich die Lehrer in auffälliger Weise um die Erziehung zum Gehorsam, wobei sie fast täglich die Weidenrute einsetzten. Natürlich meinten sie es nur gut mit uns; sie wollten uns zu »anständigen, ehrlichen und fleißigen Menschen« machen. Allerdings ist mir bis zur Stunde nicht klar geworden, wie man es fertigbringen kann, mit Hilfe unzähliger Stockschläge, Kopfnüsse und Ohrfeigen aus ehrlichen Menschen noch ehrlichere und aus unehrlichen ehrliche Menschen zu machen. Aber da sie unsere Lehrer waren, glaubten wir, daß sie gewiß recht haben müßten.
Was mich damals zornig machte, war die Tatsache, daß die

meisten Pauker von uns das Verhalten eines Erwachsenen forderten, uns aber wie Kleinkinder behandelten. Umgekehrt erlebten wir immer wieder, wie kindisch sich diese Erwachsenen verhielten, wenn wir nicht wunschgemäß reagierten; dann waren sie beleidigt, wütend, schrien uns an oder ignorierten uns. Auch wurde mehr getadelt als gelobt. Zum Glück verhielten sich meine Eltern anders: Sie ermutigten mich, wenn ich bedrückt nach Hause kam, und wenn die Leistungen schlecht ausfielen, mußte ich keinen Aufstand zu Hause befürchten.

In dieser fast 50köpfigen Klasse waren die Lehrer total überfordert. Da war es eine rühmliche Ausnahme, wenn einer unsere Gefühle ernst nahm. Eine solche Ausnahme war Fräulein Coen; doch leider war sie selbst zu schwach, um sich gegen das Unrecht, das einige Kollegen ihr zufügten, wehren zu können. Einmal beobachteten wir, wie sie sich verstohlen eine Träne wegwischte. Ich kann mich noch gut an diesen Moment erinnern, wo wir alle mucksmäuschenstill dasaßen und sehr betroffen waren.

Fräulein Coen war ein tiefgläubiger Mensch; ihre aufrichtige Frömmigkeit und Freundlichkeit ließen damals in mir den Wunsch wach werden, Priester zu werden. Ich war gerade sieben Jahre alt.

Herr M. pflegte uns mit dem Stock auf die Fingerspitzen zu schlagen, wenn wir seinen Unterricht störten. Um dieser schmerzhaften Bestrafung zu entgehen, zogen wir im letzten Moment die Hände weg, so daß sich Herr M. auf seine eigenen Beine schlug. Dann wieder rieben wir unsere Finger vorher mit Zwiebelsaft ein, so daß sie nach dem Stockschlag sehr stark anschwollen, was uns dann eine Erholungsstunde einbrachte. Als Herr M. das Spiel durchschaute, mußte der betreffende Schüler eine Stunde lang, mit dem Gesicht zur Wand, in der Ecke stehen und andertags ein Heft abliefern mit der hundertfachen Eintragung: »Ich darf meine Vorge-

setzten nicht täuschen.« Dieser »Flegel« ist heute Redakteur bei einem großen Boulevardblatt.
Nach der vierten Klasse erwogen meine Eltern den Wechsel zum Gymnasium. Ich war ja nicht dumm, aber auch nicht ehrgeizig, also gerade richtig für die höhere Laufbahn. So trat ich denn mit meiner Zwillingsschwester zur Aufnahmeprüfung an, die ich mit Glanz und Gloria vermasselte. Als der Direktor erfuhr, daß wir beide nun für die gesamten Schuljahre getrennt wurden, sagte er zu meinen Eltern: »Das tut mir leid. Hätte ich gewußt, daß die beiden Zwillinge sind, hätte ich Ihren Sohn noch durchgeschleust.«
Immer klarer wurde mir, von welch schmerzlicher Art der Ernst des Lebens war. Mein Wunsch, Priester zu werden, wurde dadurch um so fester. Ich wurde Ministrant und beschäftigte mich in diesen ersten Schuljahren mit den Lebensbeschreibungen einiger Heiligen. Schließlich faßte ich den heimlichen Entschluß, ab sofort selbst ein Heiliger zu werden; die Voraussetzungen dazu erschienen mir günstig.

Pfaffe, an die Tafel!

Ein Jahr später gelang mir dann der zweite Anlauf zum Cusanus-Gymnasium in Bernkastel-Kues, wo ich es bis zur Untertertia aushielt. Da ich eine feste Gemeinschaft suchte, auch im Hinblick auf meinen Berufswunsch eine geistliche Führung brauchte, entschloß ich mich, nach Prüm zu gehen, um dort als Bewohner des Bischöflichen Konvikts die restlichen Schuljahre zu absolvieren.
Damals beherbergte das Konvikt über 100 Schüler, die das alt- und neusprachliche Regino-Gymnasium besuchten. Mit mir waren auch Oskar Lafontaine und sein Bruder Hans im Konvikt und viele andere, die später »Karriere« machten.
Die Schule wies sich aus durch Qualität und Strenge. Ich habe

mich nie wohl gefühlt, weil ich mit einigen Lehrpersonen nicht klarkam. Das mag vielleicht an der Sonderrolle gelegen haben, die ich in meiner Klasse einnahm; denn ich war der einzige Konviktorist in dieser gemischten Klasse, stand also allein, wenn es Probleme bei den Hausaufgaben gab oder wenn es darum ging, meine religiöse Einstellung zu verteidigen. Immerhin gab es Lehrer, die mich vor der Klasse zu provozieren versuchten, weil es ihnen offenbar nicht schmeckte, daß da einer saß, der Priester werden wollte. Die wahren Hintergründe dieser Unheilpädagogik habe ich nie herausgefunden, wußte aber, daß einige Lehrer übriggebliebene, teilweise strafversetzte Anhänger des Nationalsozialismus waren.
Ich erinnere mich noch genau an folgende Begebenheit: Unser Geographielehrer Dr. F., ein wegen seiner Unberechenbarkeit von allen gefürchteter Mann, zeigte unverhohlen seine Ablehnung mir gegenüber. Eines Morgens trat er in den Klassenraum:
»Wen werden wir denn heute morgen zerquetschen?« Er blätterte in seinem roten Prüfungsheft und rief: »Ah ja, wie wär's mit dem Pfaffen?« Sein Blick blieb auf mir haften. »Komm zur Karte und zeig uns mal den Cotton-Belt!«
Ich ging zur Landkarte und überlegte krampfhaft, in welchen Ländern Amerikas Baumwolle angepflanzt wird. Schließlich zog ich mit dem Stock eine Linie über einige Staaten in der Hoffnung, mich halbwegs aus der Schlinge des Verderbens gerettet zu haben.
»Den Cotton-Belt habe ich gesagt, nicht den Dairy-Belt. Setzen! Das gibt eine schöne, geringelte Sechs. Du solltest nicht soviel beten. Das bekommt dir nicht.«
Eines Tages, während der Französischstunde, fand Frau B. im Klassenbuch ein kitschiges Gebetbuchbildchen. Sie hob es hoch, schaute mich mit einem süffisanten Lächeln an und fragte: »Müller, haben Sie das hier hineingelegt?« Meinen Zorn zurückhaltend antwortete ich: »Trauen Sie mir einen

solch miserablen Kunstgeschmack zu?« Schweigend legte sie das Bild wieder in das Klassenbuch und setzte ihren Unterricht fort.
Natürlich gab es auch wohlgesinnte Pädagogen, darunter einige, die sich selbst im Kollegium nicht sonderlich wohl fühlten. Meine Klassenkameraden standen im großen und ganzen hinter mir, wohl auch deshalb, weil ich mit meinen Clownereien für manchen Spaß sorgte.
Eine andere, eher amüsante Begebenheit ereignete sich nach der Rückgabe einer vermasselten Lateinarbeit.
»Müller, haben Sie in Ihrer Wüste des Nichtwissens auch eine Oase des Wissens?« fragte mich Dr. T. vor der ganzen Klasse. »Ja«, erwiderte ich, »der Müller hat Oasen des Wissens; die Kamele finden sie nur nicht!«
Nach diesem kurzen Schlagabtausch hatte ich die Lacher auf meiner Seite, und ich spürte von diesem Zeitpunkt an ein Wachsen meines Selbstbewußtseins. Insgesamt hatte ich das Empfinden, daß die Lehrer lernten, mich anzunehmen, wenn schon nicht auf Grund meiner mittelmäßigen Leistungen, so doch auf Grund meiner Vielseitigkeit und der Rückendeckung durch meine Schulkameraden. Immerhin wurde ich zweimal zum Klassensprecher gewählt, war aktiv beteiligt bei Theateraufführungen, war Redaktionsmitglied und Graphiker der monatlich erscheinenden Schülerzeitschrift »Perspektiven«, die etliche Preise errang, sang im Schulchor mit und hatte für alle Notfälle einen mächtigen Verteidiger, den Direktor des Konvikts, Helmut Löscher.
Er war ein großgewachsener Mann, kunstinteressiert, konsequent in seiner Haltung, aufgeschlossen. Während der Ferien unternahm er mit uns große Reisen. Im Konvikt förderte er die Begabungen der Schüler, legte Wert auf sportliche, musische und geistliche Weiterbildung seiner Zöglinge. Konzertbesuche in Köln, hauseigene musikalische Aufführungen, die Einrichtung eines Fotolabors, einer Werkstatt und vieles an-

dere verdankten wir ihm. Und da ich mich auf diesen Gebieten entschieden mehr verwirklichen konnte, überraschte es nicht, daß ich etliche »Ehrenrunden« in der Schule drehte und schließlich 1966 das Abitur ablegte.

Prophet oder Scharlatan?

»Sie sind ein Fisch«, sagte mir eines Tages der alte, noch rüstige Pfarrer N. Calmes, der im Konvikt seine Ruhetage verbrachte und uns an seinen Lebenserfahrungen teilhaben ließ. »Fische sind sensible, künstlerische Geschöpfe, mit dem Kosmos verbunden. Sie fallen entweder in die Tiefe ihrer Leidenschaften oder sie schwingen sich zu erstaunlichen Höhen empor. Selten werden sie von ihrer Umwelt verstanden, weil sie sich nicht einordnen lassen. Das verunsichert die anderen, die oft nicht das erreichen, was Fische mit Bravour und Leichtigkeit erlangen.« Er machte eine Pause, um seinen Worten den nötigen Nachdruck zu verleihen, und fuhr dann fort: »Sie werden viele Neider haben, doch immer oben schwimmen. Passen Sie auf, daß Sie nicht nur auf der Oberfläche bleiben; Sie müssen lernen, auch in die Tiefe zu gehen, den Dingen buchstäblich auf den Grund zu gehen.«
Während seiner kleinen Ansprache dachte ich darüber nach, inwieweit seine Aussagen zutreffen und wie weit sie Allgemeingültigkeit haben. Ich habe nie sehr viel von astrologischen Hinweisen gehalten, mußte aber im Lauf der Zeit erkennen, daß kosmische Vorgänge sehr wohl auf die menschliche Reifung gewisse Einflüsse haben können. Das hat noch lange nichts zu tun mit Wahrsagerei oder ähnlichen okkulten Phänomenen.
»Sie neigen zu Ungeduld und zu überhöhten Ansprüchen an sich selbst. Achten Sie darauf, daß Sie Ihre Mitmenschen durch Ihre verbale Fähigkeit nicht überfordern, daß Sie nicht

hochmütig werden. Auf viele Menschen wirken Sie zunächst kühl und distanziert, eben wie ein Fisch. Lernen Sie deshalb, mehr auf der gefühlsmäßigen Ebene mit den Leuten zu kommunizieren; nutzen Sie Ihre Gabe als Menschenführer und Unterhalter.«

Er stand auf, ging zum Bücherschrank, griff nach einem Buch und setzte seine Rede fort. Die folgenden Sätze haben sich mir deutlich eingebrannt; sie sollten sich in der Tat sehr bald bewahrheiten:

»Jetzt sage ich Ihnen noch etwas. Etwas, das aus meiner Intuition kommt. Sie werden noch einen schweren Weg vor sich haben. Gott wird Sie prüfen, weil er Sie in Dienst nehmen will. Und wenn mich nicht alles täuscht, dann werden Sie nicht auf dem direkten, normalen Weg Ihr Ziel erreichen, sondern Umwege gehen, ja sogar Irrwege. Sie haben die Gabe, Menschen zu beeinflussen, zu begeistern. Und da Sie auf Freunde angewiesen sind, besteht immer auch die Gefahr, daß Sie sich von ihnen beeinflussen lassen. Achten Sie darauf und suchen Sie sich gute, stabile, christliche Freunde aus, Menschen, die einen aufrechten Charakter haben.«

Dann drückte er mir das Buch von Ignace Lepp »Wesen und Wert der Freundschaft« in die Hand und zeichnete mir ein Kreuz auf die Stirn.

Das war eine meiner beeindruckendsten Begegnungen damals.

Die Krise

Wie schon gesagt: Entgegen allen Unkenrufen meiner Lehrer legte ich 1966 mein Abitur ab und trat in das Priesterseminar in Trier ein. Das Seminar befand sich damals für Studenten der ersten vier Semester im Rudolfinum, der heutigen Katholischen Akademie, am Markusberg. Die restlichen Studien-

jahre verbrachte man dann in der Jesuitenstraße im Zentrum der Stadt. Nach dem Vordiplom absolvierte ich zwei Semester in Innsbruck und kehrte dann nach Trier zurück, wo die Gründung einer neuen Universität gerade im Gange war. Damals war ich der einzige Seminarist, der einen Bart trug, Überbleibsel meiner ersten Sahara-Reise, ein Tatbestand von fragwürdiger Berechtigung; denn nach altem Trierer Gewohnheitsrecht war bislang das Tragen eines Bartes für einen Kleriker nicht gestattet.
»Wenn Sie zu den niederen Weihen zugelassen werden wollen, müssen Sie sich von Ihrem Bart trennen«, gab mir der Regens zu verstehen, »oder hängen Sie so sehr an Ihrem Bart?« – »Nein«, entgegnete ich, »der Bart hängt an mir!«
Damit war die Angelegenheit vom Tisch. Seitdem war das Tabu gebrochen. Heute muß man schon genau hinsehen, um einen glattrasierten Seminaristen zu finden.
Wie schon in meinen Gymnasialzeiten, so engagierte ich mich auch jetzt während der letzten Studienjahre in vielen Bereichen innerhalb und außerhalb des Hauses. Neben der Mitarbeit in der Pfarrei St. Paulus und in einem Chor, der gemeinsam mit einem Rundfunkorchester eine Frankreich-Tournee veranstaltete, bahnte sich auch die Verwirklichung einer glänzenden Idee an.
Eines Abends sitze ich im »Schwarzen Ochsen« und komme ins Gespräch mit einem Redakteur der Trierischen Landeszeitung. Nach dem vierten Glas Bier kommt uns der Einfall, für die umliegenden Krankenhäuser und Altenheime einen »Radiosender« zu gründen, der jeden Sonntagmorgen Musik und Grüße über die Zimmerlautsprecher hineintragen sollte. So begann in mühevoller und meist nächtlicher Arbeit eine Sozialeinrichtung, die heute eine feste Institution ist und von acht ehrenamtlichen Männern und Frauen getragen wird. In eigenem Studio werden Kassetten mit den musikalischen Wünschen unserer Hörer und mit Grüßen ihrer Freunde und

Verwandten produziert. Diese Kassetten werden dann über die hauseigenen Übertragungsanlagen abgespielt. Bald darauf fand diese Idee Nachahmer in Köln und Hamburg.

In den ersten Jahren zwischen 1969 und 1980 hatten wir viele Prominente im Studio zu Gast, unter ihnen Zarah Leander, Lale Andersen, Dieter Thomas Heck. Wir gaben dem kleinen »Sender« den Namen »Radio Piccolo«.

Der Regens des Priesterseminars beobachtete meine außerhäuslichen Aktivitäten mit Sorge und vermutete dahinter Fluchtversuche aus der geistlichen Verantwortung. Sein Verdacht war nicht gänzlich aus der Luft gegriffen; denn kaum hatte ich das Diplom in der Hand, begann eine sehr schlimme Krise. Es brachen plötzlich Dinge in mir auf, die mein gesamtes Gottesbild und bisheriges geistliches Leben in Frage stellten.

Mir kamen die orakelhaften Worte des alten Pfarrers N. Calmes in Prüm wieder zu Bewußtsein. Alles stürzte zusammen, was ich bisher fest in meinen Händen zu halten geglaubt habe; ich selbst erlitt einen Nervenzusammenbruch, als ich feststellen mußte, daß mir gewisse zwischenmenschliche Beziehungen zum Verhängnis wurden.

Dieser tiefgreifende Rück-Schlag, den ich mit dem Regens offen besprach, war Grund, meine Berufung anzuzweifeln und das Seminar zu verlassen. Der Regens stand mir in dieser depressiven Phase hilfreich und verständnisvoll zur Seite, was ich nicht von allen meinen Mitbrüdern sagen konnte.

Der Zeitpunkt war gekommen, mir Gedanken über die weitere Zukunft zu machen. Ich ahnte zutiefst, daß der Weg zum Priesterberuf ein langer Umweg werden würde. So entschloß ich mich, Trier zu verlassen und in Salzburg das Studium der Psychologie und Psychopathologie zu beginnen, nicht zuletzt auch deshalb, weil ich mir davon eine tiefere Kenntnis der Konfliktursachen und ihrer Bewältigung erhoffte.

Neuer Startversuch

Österreich, die »Taschenausgabe eines Imperiums«, wie Hans Weigel einmal sagte, zog mich seiner majestätischen Berge wegen an, auch seiner Gemütlichkeit wegen, der ein Hauch von Nostalgie und Verschlafenheit anhaftet. Da mir also Landschaft und Menschenschlag zusagten, zog ich in dieses »Rom des Nordens«, dessen Festspiele ich nie zu besuchen imstande war, weil ich nicht das Glück hatte, in Amerika reiche Bekannte aufzustöbern, die mir die heißersehnte Karte zu einem Karajan-Auftritt hätten besorgen können.

Fünf Jahre lang sollte ich in dieser malerischen Idylle meine Erfahrungen mit und ohne Gott sammeln: als Student, als Universitätsassistent, als Lehrer am Gymnasium und als Psychotherapeut in eigener Praxis. Thomas Bernhard nannte Salzburg eine Selbstmörderstadt, der Bösewicht-Darsteller Herbert Fux warnte vor einer systematischen Verschandelung der letzten Oase, Curd Jürgens wählte es zu seiner dritten Heimat, Robert Jungk brütete dort über die Zukunft der Welt nach, und ich, Jörg Müller, gedachte hier den Rest meines Lebens zu verbringen.

Die erste Begegnung mit den Menschen dort wurde mir in den sieben verschiedenen Amtsstuben zuteil, die ich zum Zweck meiner Einschreibung an der psychologischen Fakultät aufsuchen mußte. Sie befanden sich allesamt in der Stadt verteilt, ein Umstand, der jeden Studenten zwang, Salzburg bereits in den ersten Tagen von seiner amtlichen Seite her kennenzulernen. So erfuhr ich erstmals etwas über die unschlagbare österreichische Fähigkeit, das Wesen der Bürokratie zu dezentralisieren und Kompetenzen in einem weit gespannten, undurchsichtigen Netz von Paragraphen und Erlässen zu verstricken.

Ich gelangte also von der Immatrikulationsstelle der Universität zur Polizeiwache, die mir die »amtliche Bescheinigung

der Aufenthaltsgenehmigung« ausstellte, nachdem mir das Einwohnermeldeamt eine Bestätigung meines Wohnrechts ausgehändigt hatte, bezeugt durch den Mietvertrag.
»Bittschön, Sie gehen jetzt zur Trafik, kaufen dort die Verschleißmarken, kommen dann wieder her zur Kassa und gehen anschließend zur Evidenzstelle. Das Weitere erkläre ich Ihnen dann, bittschön!«
Der Trafikladen hatte geschlossen, und so begab ich mich erst einmal in das berühmte Café Tomaselli, das wegen seiner erlauchten Kundschaft und Preise einen beachtlichen Ruf genoß. Auffallend viele junge Menschen saßen da und schlürften ihren großen Braunen, ihre Melange, einen Cappucino, einen Einspänner oder einen kleinen Schwarzen mit Schlag. Verwirrt von diesem reichhaltigen Angebot verschiedener Kaffeezubereitungen entschloß ich mich, als nächstes das österreichische Vokabular genauer zu studieren.
Während der beiden nächsten Jahre wohnte ich im Haus der Missionare vom Kostbaren Blut, inmitten eines wunderschönen großen Parks im Stadtteil Aigen, ehemals Besitz der weltbekannten singenden Familie Trapp, die nach dem nationalsozialistischen Einmarsch nach Amerika auswanderte. Hier im noblen Prominentenviertel sollte einmal mein entscheidendes Gotteserlebnis stattfinden.

Abschied von Gott

Obgleich mir alle Arbeiten leichtfielen und sich die Dinge optimal entwickelten, vernachlässigte ich mehr und mehr meine religiösen Aktivitäten, ja es schien so, als seien Wohlergehen und das bisherige gute »Funktionieren« meines Glaubenslebens Ursachen für eine allmähliche Entfremdung von Gott. Jedenfalls erlahmte jegliches Interesse an religiösen Übungen, ausgelöst durch eine geistliche Trockenheit, die zu Beginn meiner Assistentenzeit ausbrach. Da half auch das Leben in einer geistlichen Gemeinschaft nichts mehr. Da ich als Gast zu nichts verpflichtet war, zog ich es schließlich vor, alle Verpflichtungen fallenzulassen und mein Leben nach eigenem Gutdünken zu gestalten – ohne Gott.

Wer nun meint, eine solche Entscheidung müsse über kurz oder lang die Strafe Gottes nach sich ziehen, irrt; denn Gott läßt seine Sonne scheinen über Gerechte und Ungerechte. Ich konnte nicht klagen und lebte unbeschwerter als vorher.

In dieser Zeit religiöser Abstinenz spielte sich mein Leben vorwiegend in Diskotheken ab, in Abendcafés und auf Parties, zu denen ich als Zauberkünstler und Unterhalter oft geladen wurde. Ich lernte viele interessante und noch mehr langweilige Leute kennen, berühmte und unbekannte Größen aus der Film- und Theaterbranche. Die Welt wurde für mich zu einem bunten Karussell, das sich immer schneller und verführerischer um mich drehte; ich genoß es, überall willkommen zu sein und mit meiner Fähigkeit, heitere Stimmung zu erzeugen, die Menschen zu erfreuen. Und wenn dann in den wenigen Augenblicken der Stille meine alten Träume wieder zum Vorschein kamen, begann mein Herz zu klopfen; eine leise Ahnung machte sich breit, die mir zu sagen schien: Jörg, so kann es nicht mehr lange weitergehen.

Inzwischen erteilte ich in den Oberstufenklassen des musisch-pädagogischen Gymnasiums Religionsunterricht, zensierte als Assistent eingereichte Seminararbeiten, legte die sich über Wochen hinziehenden Doktorexamina ab und trug mich mit dem Gedanken, aus der Villa Trapp auszuziehen, um mein eigenes Leben unbeobachteter gestalten zu können. Verwundert stellte ich fest, daß ich trotz der fehlenden Glaubenspraxis erfolgreichen Religionsunterricht geben konnte und daß mich die Schüler in ihr Vertrauen zogen. Weshalb also, so fragte ich mich, sollte mein Leben geändert werden? Heilig werden, okay, aber später!

Für einen Tag ins Gefängnis

Es war Anfang September. Der für Salzburg typische Schnürlregen nieselte stundenlang vor sich hin. Ich war gerade mit meinem Renault 4 auf dem Weg nach Haus, als ich mit beachtlichem Tempo in eine Radarfalle geriet. Das Strafmaß in Höhe von 300 Schilling sowie das selbstherrliche Benehmen der vier jungen Polizisten verärgerten mich, so daß ich die folgenden Autofahrer durch Handzeichen auf die Falle aufmerksam machte. Plötzlich tauchten zwei Polizisten auf, verlangten eine Erklärung für mein Tun und wiesen darauf hin, daß ich wegen »Verunsicherung des Straßenverkehrs« mit einer Anzeige, wenn nicht sogar mit Abschiebung zu rechnen habe.

Drei Monate später kam eine Anzeige wegen »unbegründeten Betretens der Fahrbahn gemäß § 46 der ÖStVO«, die mich zur Zahlung von 100 Schilling aufforderte oder »bei nachweislicher Uneinbringlichkeit« zu einer Arreststrafe von 24 Stunden Dauer verurteilte. Ich entschied mich für die Arreststrafe, weil ich immer schon neugierig war auf das Innenleben eines Gefängnisses. Doch mein Wunsch nach einer Zelle mußte erst hart erkämpft werden, nachdem die Beamten den tatsächlichen Sachverhalt erfuhren und auch hörten, daß ich Theologe sei. Das war ihnen doch zu peinlich, daß »Hochwürden« ins Gefängnis wollte.

Was ich mir in den Kopf gesetzt habe, möchte ich auch erreichen. So begann denn nun eine Odyssee durch die Räume des Polizeipräsidiums; niemand wollte zuständig sein für meinen Fall und mir meine gesetzlich abgesicherte Bitte nach einer gemütlichen Arrestzelle erfüllen.

»Sie wünschen?« sagte ein Beamter in sonorem Baß.

»Ich möchte meine 24 Stunden absitzen, die mir zustehen auf Grund des § 46. Hier sind die Papiere«, erwiderte ich und legte ihm das Schreiben vor.

»Was haben Sie denn gemacht?«
»Ich habe die Straße unbegründet betreten, das heißt mit einem Fuß auf der Fahrbahn und mit dem anderen auf dem Gehsteig gestanden und Autofahrer durch Handzeichen vor einer Radarfalle gewarnt.«
Eine lange Pause folgte. Dem schlossen sich etliche Telefonate an. Nach einer halben Stunde händigte er mir eine Bescheinigung aus:
»Melden Sie sich am Wochenende in der Haftanstalt. Da bekommen Sie, was Sie wollen.«
Am folgenden Samstag um 9 Uhr früh begab ich mich zur Haftanstalt. Erneutes Verhör. Kopfschütteln.
»Wünschen Sie eine Einzel- oder eine Gemeinschaftszelle?«
»Eine Gemeinschaftszelle bitte!«
»Geben Sie alles ab, was Sie bei sich tragen: Schreibzeug, Portemonnaie, Kamm und so weiter! Und dann unterschreiben Sie hier!«
»Wieso denn Schreibzeug?«
»Vorschrift. Spitze Gegenstände müssen abgegeben werden wegen möglicher Selbstmordgefahr.«
»Ich habe nicht vor, mich umzubringen.«
»Das glaube ich Ihnen; aber Sie wollen ja in eine Gemeinschaftszelle. Sie sind also nicht allein!«
Ich kramte die Utensilien hervor, unterschrieb und wurde nun auf Zelle 24 gebracht, die sich mit einem heftigen Knall hinter mir schloß. Zwei Typen standen vor mir: Ein 50jähriger Deutscher, den man wegen Paßfälschung im Hotel verhaftet hatte, und ein 19jähriger Jugendlicher, der die Berger-Bank überfallen hatte.
»Grüß Gott«, sagte ich, »ich bin der Neue. Ich bleibe bis morgen früh hier.« Der Rest war Schweigen. Ich musterte die Zelle und fand sie einfach, schlicht und geschmacklos. Drei Holzpritschen, ein ungeschütztes Klo, zwei Stühle, ein Tisch, eine nackte Glühbirne (»von wegen Selbstmordgefahr«, geht

es mir durch den Kopf), ein vergittertes Fenster, ein schmutziges Waschbecken. Gott sei Dank muß ich nur einen Tag hier verbringen, dachte ich und fühlte mich äußerst hilflos.
Plötzlich hörte ich markerschütternde Schreie aus einer benachbarten Zelle, Gefängniskoller. »Ich will raus, laßt mich raus, ich halte das nicht aus«, rief einer und schlug verzweifelt gegen die schwere Eisentür. Dann war wieder Ruhe.
Am Nachmittag gab es zum Kaffee einen Laib Brot und ein Stück Margarine, dazu billigen Ersatzkaffee. Ich fragte mich, wie man ohne Messer ein Brot schneiden und ein Stück Margarine verstreichen sollte. In diesem Augenblick holte der junge Bankräuber aus seiner Schuhsohle ein kleines Klappmesser hervor; ich stellte mich schützend vor das Guckloch in der Tür. Wir könnten sicher ein gutes Team werden, dachte ich.
Es war Sonntag, 9 Uhr. Der Beamte schließt geräuschvoll die Zelle auf und bittet mich, ihm zu folgen. An der »Rezeption« des Gefängnisses gibt man mir meine Sachen zurück.
»Wir haben aus Ihrem Portemonnaie 70 Schilling genommen als Kostenbeitrag für Kost und Logis«, sagt ein Herr in Zivil. »Unterschreiben Sie bitte hier!«
Empörung kam in mir hoch. Häftlinge haben keine Rechte mehr. Wie oft hörte ich das und sah es jetzt bestätigt.
Ich trete hinaus in einen regnerischen, kühlen Novembertag.

Ich habe dich gerufen

Wochen vergingen. Ich war, wie gesagt, entschlossen, umzuziehen und mir eine Praxis als Psychotherapeut einzurichten, als an einem winterlichen Sonntagmorgen gegen zehn Uhr eine innere Stimme zu mir sagte: »Geh zum Gottesdienst!« Irritiert über diesen deutlich spürbaren Impuls, versuchte ich mich abzulenken; doch die Stimme gab nicht auf. Mein Herz

klopfte stark; ich wurde unruhig. Schließlich stieg ich ins Auto und fuhr zur Kirche. Kaum hatte ich Platz genommen, begann ein Ministrant, die Lesung vorzutragen: »Ich habe dich bei deinem Namen gerufen, du bist mein!« Mir wurde heiß; das Blut schoß mir in den Kopf und das Herz schlug so kräftig, daß ich meinte, dies bliebe meinen Nachbarn nicht verborgen. Die weiteren Worte der Lesung vernahm ich nur noch verschwommen. Was hat er da gerade gesagt? »Ich habe dich bei deinem Namen gerufen, du bist mein!« Wer war da gemeint? Ich fühlte mich persönlich angesprochen und war nicht mehr in der Lage, ruhig dazusitzen. So stahl ich mich verlegen aus der Kirche und fuhr nach Hause zurück.
Unterwegs schaltete ich das Radio ein, um mich abzulenken. Doch es verschlug mir die Sprache. »Ich habe dich bei deinem Namen gerufen, du bist mein!« ertönte es aus dem Lautsprecher. Du bist gemeint, sagte ich zu mir. Mach dir nichts vor, das ist kein Zufall; du bist hier gemeint. Die Unruhe wich einer tiefen Betroffenheit, die ich nicht wahrhaben wollte. Zu Hause angekommen, griff ich wahllos nach einem Buch. Ich wollte irgend etwas tun, nur nicht einfach dasitzen. Ein Lesezeichen fiel heraus; ich hob es auf und las: »Jetzt aber redet der Herr, der dich, Jakob, erschuf, der dich, Israel, formte. Fürchte dich nicht, denn ich erlöse dich, ich rufe dich beim Namen; denn du bist mein« (Is 43,1).
Ich fiel auf mein Bett und weinte.
Ich weiß nicht, wie lange ich da lag. Man verlangte mich am Telefon. »Guten Morgen, Herr Professor«, tönte es durch die Muschel, »ich bin der Bernhard Weißer, ein Schüler von Ihnen, und wollte Sie fragen, ob Sie im Lauf des Jahres mit unserer Klasse einen Einkehrtag halten könnten.« Ich war zunächst einmal stumm vor Erstaunen über ein solches Ansinnen. Ausgerechnet jetzt.
»Selbstverständlich«, erwiderte ich, »wir unterhalten uns darüber morgen im Unterricht.«

Ein sonderbarer Tag, dachte ich, der bleibt nicht ohne Konsequenzen. Du hast Gott im Stich gelassen, er aber läuft dir nach und will dich in seinen Dienst stellen. Darauf muß ich mich gründlich vorbereiten.

Ich nahm mir vor, eine Lebensbeichte abzulegen und diese Geschichte niemandem zu erzählen; man würde mir nicht glauben oder mich für einen frommen Spinner halten. Und »fromm« wollte ich keineswegs wirken.

Zwei Tage später saß ich einem jungen Franziskanerpater gegenüber, den ich vom Studium her kannte: Pater Josef. Ihm vertraute ich die ganze Geschichte an. Was er daraufhin sagte, hatte prophetischen Charakter: »Wenn du dich erneut Gott stellen willst, weil er dich gerufen hat, dann bedenke bitte, daß du mit der Wüste zu rechnen hast. Es wäre jedenfalls klug, sich nicht an fromme Hochstimmungen zu klammern, sondern ein Stück weit die geistliche Wüste einzukalkulieren. Gott möchte die Berufenen in ihrer Treue prüfen und sie formen. Das geht nicht ohne Schmerzen ab. Bete daher täglich um die Kraft des Glaubens und der Geduld!«

Wie recht er hatte, konnte ich damals noch nicht ahnen. Erleichtert verließ ich das Beichtzimmer. Soll die Wüste nur kommen, das werde ich spielend schaffen! Dann deckte ich mich in der Buchhandlung mit geistlicher Literatur ein; mit soviel frommer Munition bewaffnet, konnte nichts mehr schiefgehen. Ich war ein neuer Mensch.

Sahara-Reise

Die Semesterferien kamen gerade recht. Ich hatte den ganzen Partytrubel satt und gedachte, mit einer Durchquerung der algerischen Sahara emotionalen und geographischen Abstand von den Ereignissen der letzten Wochen zu finden. Ich hatte bereits auf zwei Wüstenfahrten ausreichende Erfahrungen sammeln können, so daß ich mich diesmal im Alleingang mit Ziel Tamanrasset im Hoggar-Gebirge auf den Weg machte.

Die Fahrt mit dem Renault 4 war beschwerlich; ich hatte 15 Wolldecken dabei, außerdem eine Kiste mit Medikamenten und Mullbinden zum Verschenken, Kugelschreiber und Kaugummi, natürlich auch einige gute Zaubertricks; von früheren Reisen wußte ich, daß solche Dinge raschen Zugang zur Bevölkerung verschaffen.

In Algerien begann die Strapaze: 60 Grad Celsius im Auto, hohe Benzinverdunstung, Sand, schlechte Straßen, Pistenverwehungen und dann der obligate Durchfall. Aber das war mir ja alles nichts Neues, und so fuhr ich der Tanezrouft-Piste entlang in Richtung Tamanrasset.

Bei der Oase Beni-Abbès wechselte ich zum vierten Mal den Reifen und blieb über Nacht dort, wo Charles de Foucauld seine Einsiedelei hatte. Rasch bekam ich Kontakt mit den Einheimischen, die mich zu einer Hochzeit einluden. Alle Wolldecken und dazu einige Mullbinden machte ich den anwesenden Männern zum Geschenk (die Frauen feierten bis Mitternacht unter sich); offenbar wußten sie mit den Mullbinden nichts anzufangen, denn auf einmal liefen alle mit einem weißen Turban durch die Gegend. Sie amüsierten sich köstlich über dieses Geschenk und brachten mir eine große Schale Cous-Cous, ein Nationalgericht aus Hammelfleisch, Reis und Oliven. Diskret verschwand ich gegen Mitternacht, weil ich frühmorgens weiterfahren wollte. Mein Zelt stand unter einer Dattelpalme am Rand der Oase. Angesichts des klaren Sternenhimmels und der für mich ungewöhnlichen Ruhe der Nacht sprach ich noch ein langes Dankgebet und schlief bald darauf ein.

Der Muezzin rief zum Gebet. Es war fünf Uhr in der Frühe und sehr kalt. Ich packte rasch meine Sachen in der Absicht,

mich nicht weiter aufzuhalten. In diesem Moment bemerkte ich, daß die gesamte Fotoausrüstung fehlte.
Inzwischen wurde mein geschäftiges Tun längst beobachtet. Ein Junge, vielleicht zehn Jahre alt, kam auf mich zu, meine Fotoausrüstung in seinen Armen haltend.
»Monsieur, ich bringe Ihnen Ihre Sachen. Ich habe sie gestern abend aus dem Auto genommen, weil sie sonst gestohlen worden wären.«
Zum Dank für seine Ehrlichkeit und Fürsorge gab ich ihm einige Kugelschreiber und Kaugummis, mit denen er stolz zurückkehrte. Doch ein Kind kommt selten allein; im Nu war ich umringt von sämtlichen Kindern und Jugendlichen des Dorfes. Zum Abschied zeigte ich ihnen noch ein Zauberkunststück und fuhr dann unter großem Gejohle der mir nachlaufenden Kinder in die Einsamkeit der Wüste.
Es war mühsam; denn die Temperaturen stiegen ab zehn Uhr in einem beachtlichen Tempo, so daß das Kühlwasser zu kochen begann. Und das hieß: langsamer fahren, Pausen machen, Benzin durch Verdunstung verlieren, beten. Ich befand mich nun irgendwo zwischen Adrar und Reggane, als sich der Himmel binnen weniger Minuten verfinsterte und eine gelbliche Farbe annahm. Aha, dachte ich, jetzt kommt die härteste Bewährungsprobe, ein Sandsturm. Also: anhalten, Auspuffrohr verstopfen, alles dicht machen und im Auto warten. Ich glaube, ich habe in meinem Leben selten so viel und so intensiv gebetet wie in diesen endlosen Minuten, in denen mir mein Alleingang durch die Sahara zu einem tödlichen Verhängnis hätte werden können. Als der Sturm vorüber war, fand ich mich bis zur halben Türhöhe hoffnungslos im Sand eingegraben. Wie sollte ich da jemals herauskommen?
Es dauerte vier Stunden, bis ich den Wagen wieder fahrbereit hatte. Mit Schrecken stellte ich fest, daß der Benzinvorrat nicht mehr ausreichen würde bis zur nächsten Tankstelle, die laut Karte 400 km weit entfernt lag.

»Herr, bei dir ist nichts unmöglich«, betete ich, »entweder schickst du mir bald einen jener Tanklastzüge, die gelegentlich diese Piste befahren, oder eine nicht auf der Karte vermerkte Tankstelle. Ich habe in Salzburg dir mein Leben neu anvertraut; jetzt komme mir bitte entgegen. Danke.«
So fuhr ich in banger Hoffnung los und spürte, wie sich mein Magen verkrampfte angesichts des Benzinanzeigers, der sich bereits im Reservebereich befand. Um mich herum nichts als Sand, Sand, Sand.
Ich rechnete jeden Augenblick damit, daß der Motor zu spukken begann; doch nichts geschah. Der Wagen fuhr weiter. Allmählich wurde mir bewußt, daß Gott wirklich ein Wunder geschehen ließ. Sämtliche Treibstoffbehälter waren leer; der Reservebereich hätte laut Anzeiger nicht einen Tropfen mehr hergeben können; doch der Wagen fuhr weiter.
Plötzlich erkenne ich vor mir, in einer Mulde halb vergraben, einige Lehmhütten; ein Minarett wird sichtbar. Eine Oase. Ich suche in der neuesten Karte, finde sie aber nicht eingetragen. Es ist irgendwo in der Gegend von Tidikelt. Erleichtert atme ich auf; ein »Danke« kommt kaum hörbar aus meinem sandverkrusteten, klebrigen Mund.
Das übrige ist rasch erzählt: Ein Beduine zeigte mir die »Tankstelle«, die aus einem einzigen Pumprohr bestand, so als ob das Benzin gebrauchsfertig aus der Sahara heraufgepumpt würde. Er half mir beim Tanken und ließ mir durch einige Kinder etwas zum Essen bringen. Seinem arabisch-französischen Wortschwall entnahm ich den Hinweis auf eine Missionsstation der Weißen Väter, auf die ich nach weiteren 60 Kilometern stoßen würde.
Doch es kam ganz anders. Bei Tadjemout war meine Reise endgültig zu Ende. Die dort befindliche Polizei der Fremdenlegion hatte die Piste mit einem Schlagbaum gesperrt. Ein Wiener und ein Düsseldorfer standen mit ihren Jeeps dort und warteten schon seit drei Tagen auf zwei weitere Taman-

rassetfahrer; denn ab hier war die Weiterreise nur im Konvoi mit vier Fahrzeugen erlaubt. Da ich aber nicht gewillt war, unbestimmte Zeit hier abzusitzen und auf einen vierten Fahrer zu warten, kehrte ich um und fuhr auf der Hoggar-Piste über Ghardaia nach Algier, weiter nach Tunis und per Schiff nach Sizilien.
Hier fanden strenge Grenzkontrollen statt, bei denen mit Spürhunden nach Haschisch gesucht wurde. Eigenartigerweise wurde ich unkontrolliert vorbeigelassen; vielleicht sah ich vertrauenerweckend aus; aber es gab ja sowieso nichts bei mir zu finden.
Ende September beendete ich die Reise in Salzburg. Als ich den Wagen reinigte, fiel mir ein Lautsprecherkabel auf, das sich hinter dem Radio verfangen hatte. Ich baute alles aus und fand eine gepreßte Haschischplatte, in Zellophanpapier verpackt. Erschrocken machte ich mir klar, daß ich wahrscheinlich Kurierdienste tun sollte für einen Drogenschieber, der aus unerfindlichen Gründen unterwegs nicht mehr an meinen Wagen herankam. Ich dachte an die italienischen Grenzpolizisten mit ihren Spürhunden, die mich verschonten. Und an Gott, der da seine Hand im Spiel hatte.

Merkwürdige Ereignisse

Es war Zeit, mich in Salzburg nach einer neuen Wohnung umzuschauen. Ich wollte mit der neuen Beziehung zu Gott auch eine neue Bleibe. So wohnte ich zunächst beim Baron E. H., einem älteren, alleinstehenden Herrn, der täglich von seinen jungen Fans, darunter auch einige meiner Schüler, besucht wurde. Er war eine bemerkenswerte Persönlichkeit, ein nobler Herr mit Charme und Esprit, der den größten Teil seiner Wohnung an mich abtrat.
Nach einem Jahr wurde mir diese Wohnung zu laut, und ich

entschloß mich, aus dem geräuschvollen Zentrum auf eine höhere, ruhige Lage zurückzuziehen. So bezog ich in einer wunderschönen weißen Barockvilla zu Füßen der Festung ein holzvertäfeltes Zimmer mit Blick auf die Dächer Salzburgs. Jules Verne hatte dieses Haus für sich gebaut, bewohnte es aber nur neun Jahre lang.

Meine Hauswirtin, eine verwitwete Hofrätin, war eine sehr aparte Dame, die es offenbar nicht mehr länger allein in diesem großen Haus aushielt; den Grund dafür erfuhr ich später. Sie war befreundet mit der holländischen Hellseherin M. van Dyken, der ich eines Winterabends buchstäblich über die Füße lief.

»Junger Mann, Sie haben es aber eilig«, hörte ich sie sagen, als ich gerade durch das Wohnzimmer schoß, um den Telefonhörer abzuheben. Die Stimme kam aus dem Ohrensessel neben mir; eine kleine, weißhaarige Frau schaute mich mit ihren dunklen Augen fragend an. Ich stellte mich vor. Sie fuhr fort: »Wissen Sie, daß Sie eine große mediale Begabung haben? In Ihren Händen sehe ich eine deutliche Ausstrahlung von bläulicher Färbung. Und über Ihrem Kopf ist eine violette Chakra erkennbar; merkwürdig, sie kippt etwas nach rechts.«

Ich konnte mit ihren Äußerungen nicht viel anfangen und wollte nach der Bedeutung dieser Strahlung fragen; doch sie setzte ihre seltsame Begrüßung fort, und hob ihre Stimme:

»Ich möchte Sie aber warnen, junger Mann. Was Sie heute abend vorhaben, ist nicht gut. Sie begeben sich auf eine gefährliche Ebene.«

»Was meinen Sie?« fragte ich betroffen.

»Ich meine das Tischrücken, das Sie mit Ihren Freunden heute abend durchführen wollen. Stimmt es? Wollen Sie das?«

Nachdem ich bejahte, warnte sie mich vor den möglichen Gefahren, vor allem aber vor einer Abhängigkeit. Dann ging sie

noch näher auf die Bedeutung der Aura und der Chakra ein, erklärte mir die Farben und Formen:
»Sie haben eine besondere Gabe, religiöse Elemente in den Alltag zu integrieren; Sie sind ein spiritueller Mensch mit einem ausgeprägten Gespür für die Nöte anderer; doch müssen Sie sehr darauf achten, daß Sie sich nicht in Abhängigkeiten verlieren. Ich erkenne bei Ihnen die Tendenz zur Überaktivität. Nutzen Sie Ihre Intuition!«
Ihre Worte nahm ich mit Skepsis auf; schließlich können Aussagen solcher Art auf fast jeden Menschen zutreffen. Immerhin war ich betroffen; denn von meiner Absicht, mit einigen Freunden das »Tischrücken« zu probieren, wußte niemand.

Eines Morgens fiel mir auf, wie blaß und verstört meine Hauswirtin war. Darauf angesprochen, sagte sie: »Das Haus ist ungut; ich werde es verkaufen. Es geschehen eigenartige Dinge hier. In dieser Nacht erschien mir im Traum mein Mann und teilte mir mit, daß Herr H. am Dienstag gegen 11 Uhr an Herzinfarkt sterben wird. So was macht mich fertig. Ich habe schon zweimal solche Träume gehabt, und zwar sah ich meine beiden Söhne kurz vor ihrem Tod mit blutgetränktem Kopfverband. Kurz danach fielen sie in Rußland.«
Herr H. war ein Nachbar, rüstig und gesund. Er ist tatsächlich zum angegebenen Zeitpunkt gestorben. Herzinfarkt.

Wenige Wochen später geschah etwas Seltsames in der Villa »Jules Verne«. Ich stellte nach dem Abendessen das Tablett mit dem Eßgeschirr auf den Küchentisch und ging dann zurück ins Eßzimmer, als es kurz darauf in der Küche ein lautes Spektakel gab. Ich schaute nach und fand das ganze Porzellan zerbrochen auf dem Boden. Es gab keinerlei Erklärung für diesen Vorgang.
Meine Hauswirtin schaute mich bestürzt an und meinte: »Ich

kann mir schon denken, was das ist. Das ist nun schon das dritte Mal, daß so was passiert. Ich sage Ihnen, dieses Haus ist ungut. Ich werde es verkaufen.«
Als ich Genaueres wissen wollte, wehrte sie ab und ging aus dem Zimmer.

Kurz bevor ich das Haus endgültig verlassen wollte, weil ich die Eröffnung einer psychotherapeutischen Praxis plante, geschah noch etwas äußerst Merkwürdiges. Es kam öfter vor, daß über meinem Zimmer, im Schlafraum meiner Wirtin, nachts gegen ein Uhr Schritte und das Schlagen einer Tür zu hören waren. Ich hatte diese Geräusche nie besonders beachtet, da ich glaubte, die Hausdame gehe zu Bett, bis ich eines Nachts wieder diese Schritte und das Zuschlagen einer Tür vernahm, obgleich niemand im Haus sein konnte; denn Frau W. war verreist.
Ich vermutete einen Einbrecher und lief hinauf, um nachzuschauen. Doch ich fand nichts, was hätte verdächtig sein können. Jetzt erst erinnerte ich mich einiger Bemerkungen, die Frau W. über die seltsamen Vorgänge im Haus gemacht hatte. Ich bin kein ängstlicher Mensch, aber von dieser Zeit an fühlte ich mich nachts nicht besonders wohl.
Die Geräusche traten noch zweimal auf. Nach der Rückkehr erzählte ich meiner Hauswirtin von diesen Vorgängen, worauf sie lakonisch antwortete: »Ach ja, das ist schon seit Jahren so. Das muß wohl eine unerlöste Seele sein, die da herumgeistert. Wenn so was passiert, bete ich immer.«
Zum damaligen Zeitpunkt konnte ich mit diesen Erklärungen nicht viel anfangen; heute weiß ich, daß Vorgänge dieser Art sehr differenziert beurteilt werden müssen. Es können animistische Prozesse sein, also unbewußte Verlagerung psychischer Kräfte nach außen, oder spiritistische Vorgänge, das heißt tatsächliche Aktivität geistiger Wesen. Gewiß gibt es auch Tricks, Täuschungen, Einbildungen. Ich bin nicht im-

stande, im vorliegenden Fall eine plausible Erklärung abzugeben. Jedenfalls haben mich diese Ereignisse dazu veranlaßt, mich etwas näher mit parapsychologischen Phänomenen zu beschäftigen. Abschließend möchte ich noch erwähnen, daß ein Jahr später ein Wiener Professor, der die sporadisch auftretende Gabe hat, die menschliche Aura zu sehen, zu mir die gleichen Worte sagte wie M. van Dyken. Immer mehr wurde mir klar, daß sich zwischen Himmel und Erde weitaus größere Geheimnisse befinden, als wir in unserem begrenzten Gehirn zu akzeptieren bereit sind.

Nicht lange nach meinem Auszug verkaufte Frau W. ihre Villa.

Die un-erhörte Bitte

So gut es mir in der Villa gefiel und so neugierig mich die mysteriösen Ereignisse auch machten, ich mußte eine größere Wohnung suchen, die ich zugleich zu meiner Praxis umfunktionierte. Es war Zeit, die ersten selbständigen Gehversuche als frischgebackener Psychotherapeut zu tun. So bezog ich in der Fürstenallee meine letzte Salzburger Bleibe und bat Gott, mir vorerst einmal keine allzu schwierigen Fälle zu schicken, vor allem keine älteren Patienten mit Depressionen. Das war zu diesem Zeitpunkt für mich ein zu schwieriges Arbeitsfeld.

Doch Gott dachte nicht daran, mein Anliegen zu berücksichtigen; er ließ es zu, daß gleich am Tag nach der Eröffnung eine Frau mit allen nur denkbaren seelischen Problemen kam, natürlich auch mit einer Depression. Enttäuschung stieg in mir hoch angesichts meines tauben Gottes. Ich war der Meinung, daß Gott mich in nächster Zeit besonders schonungsvoll behandeln müßte, weil er mir sozusagen nachgelaufen ist und ich gewillt war, mit ihm durchs Leben zu gehen.

Ich begann mit einem trotzigen Eifer die sich über Monate hinziehende Therapie; doch nichts tat sich. Kurz bevor ich aufgeben wollte, weil ich meine Grenzen spürte, zeigten sich erste Anzeichen einer Besserung. Ich atmete auf und setzte zuversichtlich die Therapie fort. Die Heilung schritt weiter voran, und nach insgesamt vier Monaten konnte ich es riskieren, die Patientin zu entlassen.

Mir wurde nun auch klar, warum Gott genau das tat, was ich vermeiden wollte. Die Konfrontation mit dem Unangenehmen und die positive Erfahrung, die ich hier machen durfte, stärkten mein Selbstvertrauen und gewiß auch mein Gottvertrauen. Und so bedankte ich mich bei ihm, daß er meine Bitte nicht erhörte.

Meine ersten therapeutischen Erfahrungen waren recht hoffnungsvoll. Da noch genügend Zeit übrigblieb, entschloß ich mich, verschiedene Zusatzstudien zu absolvieren und mein Wissen zu erweitern. So belegte ich alle Seminare und Workshops, die erforderlich waren, um Trainer gruppendynamischer Therapieverfahren zu werden, ließ mich in Graphologie ausbilden und erlernte unter ärztlicher Anleitung die Hypnotherapie und das Autogene Training. So gerüstet, blickte ich optimistisch in die Zukunft.

Da ich die Absicht hatte, für immer in Salzburg zu bleiben, begann ich mich zu »etablieren«, indem ich Entspannungskurse in verschiedenen Kurhäusern durchführte, an Gymnasien in Salzburg und in Tamsweg/Lungau unterrichtete und den Assistentenjob an den Nagel hänge. Doch bei alledem verspürte ich tief im Herzen eine Sehnsucht nach einer anderen Aufgabe, den immer wiederkehrenden Wunsch, Priester zu werden.

Der Ruf Gottes an jenem winterlichen Sonntagmorgen war mir immer noch sehr deutlich in den Ohren. Ich wußte jedoch nicht, in welche Richtung der Weg gehen sollte, was Gott mit mir vorhatte; denn ich gelangte inzwischen zur Einsicht, daß

ich für den Dienst als Gemeindepfarrer nicht geeignet war. Meine Fähigkeiten und Interessen wiesen eher in die Richtung eines »freischaffenden« Priesters, der sich im Heilungsdienst der Kirche oder als »Vertreter in Glaubensartikeln«, also in der Gemeindeevangelisation um den suchenden Menschen kümmert. Die Bischöfe brauchten hingegen Pfarrer für die steigende Zahl vakanter Gemeinden. Wohin also mußte ich mich wenden, damit meine Vision von Seelsorge Wirklichkeit wurde?
So blieb eine beständige innere Unruhe, die mir zu sagen schien, daß Gott mich aus dem etablierten Zustand herausführen wollte. In dieser aufgewühlten seelischen Verfassung bat ich ihn immer wieder um Klarheit und Unterscheidung der Geister. Meine Erfahrungen mit ihm waren noch nicht so geübt, um erkennen zu können, daß er mir neue Freunde und Bekannte schenkte, die er als Werkzeuge benutzte. Durch sie nämlich gelangte ich allmählich in eine tiefere Gottesbeziehung und zur Loslösung der verbissenen Eigenregie.
Allmählich wurde mir Salzburg als Arbeitsfeld zu problematisch, weil die ungeheure Dichte praktizierender Kollegen sowie gewisse berufshinderliche Gesetzesbestimmungen ein entspanntes Leben nicht mehr möglich machten. Ich faßte kurzerhand den Plan, dorthin zu ziehen, wo es damals noch kaum freipraktizierende Psychotherapeuten gab. Und so geschah genau das, was mir ein Jahr zuvor die Hellseherin M. van Dyken gesagt hatte: »Junger Mann, Sie werden bald Österreich verlassen und nach Trier zurückkehren.«
Das war 1976.

Dritter Startversuch

Meinem Vater gelang es, eine ruhig gelegene, große Wohnung zu Füßen des Petersberges zu finden; meine Mutter schaute sich nach den passenden Einrichtungsgegenständen um. So war es möglich, innerhalb kurzer Zeit in die älteste Stadt Deutschlands zurückzukehren, die sich von ihrer schönsten, spätsommerlichen Seite her zeigte.

Endlich konnte ich meine eigene Praxis eröffnen und in Ruhe den heimlichen Wunsch des Priesterberufs überdenken. Die bürokratischen Formalitäten waren rasch erledigt; jetzt brauchten nur noch die Patienten zu kommen, die zwischen Luxemburg und Koblenz, Prüm und Mannheim einen Therapeuten suchten, der sich auch religiöser Probleme und »ekklesiogener Neurosen« annahm.

Zunächst aber kam ein Brief von der Stadtverwaltung, in dem mir mitgeteilt wurde, daß ich nach dem bestehenden Heilpraktikergesetz keinerlei Therapie oder Diagnostik praktizieren dürfe; andernfalls wäre mit einer Haftstrafe oder Geldbuße in Höhe von maximal 10000 DM zu rechnen.

Der Schlag traf. War das Gottes Wille, fragte ich mich. War das ein Engel, der mir den Weg versperren sollte wie einst beim Propheten Bileam? Oder wollte Gott meine Beharrlichkeit und mein Vertrauen prüfen? Ich machte der Einfachheit halber meinen Wunsch zum Wunsch Gottes und nahm mir vor, den Krieg mit der Behörde zu führen, das heißt die Heilpraktikerprüfung zu verweigern und mein Recht durchzusetzen.

Dieses von 1939 stammende Gesetz war längst überholt, da es die neue Berufssparte des psychologischen Therapeuten noch gar nicht kannte; eine Gesetzesänderung war in Bonn längst geplant, wurde aber wahrscheinlich von einem einflußreichen Vertreter der Ärzteschaft blockiert. Ich war fest entschlossen, notfalls ins Gefängnis zu gehen, niemals aber durch Ablegung der Heilpraktikerprüfung meine Standesehre als promovierter Psychotherapeut zu verraten. Wozu, so fragte ich mich, brauche ich Histologie, Anatomie, Seuchen- und Pflanzenkunde, wenn ich Stotterern, Bettnässern, Platzangstpatienten und Menschen mit Selbstwertproblemen helfen wollte? Außerdem hatte ich auf der Universität Prüfungen in medizinischer Psychologie, Neurophysiologie und Neurologie abgelegt. Kollegen und der Berufsverband deutscher Psychologen unterstützten einhellig mein Vorhaben. Der Kampf konnte beginnen.

Doch damit nicht genug. Es stellte sich heraus, daß die Krankenkassen per Gesetzesbestimmung nicht verpflichtet waren, die Kosten für therapeutische Maßnahmen zu übernehmen, wenn der Therapeut kein Arzt ist. Das hieß im Klartext, daß die Patienten selber die Kosten tragen mußten. Und so trat ein, was ich befürchtete: Ein Teil der hilfesuchenden und von den herkömmlichen Behandlungen enttäuschten Patienten war finanziell dazu nicht in der Lage. Ich ging also mit meinen Honorarforderungen so weit herunter, bis sie ihr Einverständnis gaben. Und oft genug behandelte ich kostenlos. Ich war der Meinung, daß eine Therapie an den Kosten nicht scheitern durfte. Doch auf Dauer konnte ich von den Praxiseinnahmen nicht leben. Ich mußte mir ein zweites Standbein schaffen.

So trat ich also wieder in den Schuldienst ein und betrieb nebenher die Praxis, eine aufreibende Doppeltätigkeit. Um als Lehrer eingestellt zu werden, war es erforderlich, ein weiteres Staatsexamen in einem zweiten Lehrfach abzulegen. Also fing ich noch einmal von vorne an als Referendar, hospitierte im Unterricht meiner Kollegen, legte neuerlich Prüfungen ab und begann mit 33 Jahren meine Laufbahn als künftiger Oberstudienrat an Berufsschulen mit den Fächern Pädagogik und Religion.

Die therapeutische Tätigkeit lief nebenher und wurde im

Lauf der Jahre immer umfangreicher, so daß sie sich auf Dauer nicht mehr mit dem Schuldienst vereinbaren ließ. Da nun die gesetzliche Klärung immer noch ausstand und die Behörden mir ständig Steine in den Weg legten, bat ich Gott um Beistand. Ich wollte jetzt endlich wissen, wie es weitergehen sollte, und schlug ihm vor, mir durch ein Wort der Heiligen Schrift einen Hinweis zu geben. Ich schlug die Bibel auf und las den ersten Satz, der mir in die Augen fiel: »Seid fröhlich in der Hoffnung, geduldig in der Bedrängnis, beharrlich im Gebet« (Röm 12,12).
Gut, dachte ich, dann führe ich weiterhin meine Praxis und warte ab, was geschieht. Zehn Jahre lang tat sich nichts. Dann kam unerwartet ein Bescheid von der Stadtverwaltung: »Wir erteilen Ihnen hiermit die Erlaubnis zur Ausübung der Heilkunde.«

Der Kampf in der Schule

Der tägliche Gang zur Schule war für mich in der Regel ein Kreuzweg; zwar fiel es mir nie schwer, den Unterricht zu gestalten, manchmal zu faszinieren und mit Zaubertricks und Gags Unterhaltung zu bringen, doch ich litt unter dieser Tätigkeit, zu der ich mich nicht berufen fühlte. Sie war das notwendige finanzielle Standbein, das mir die Behandlung meiner Privatpatienten ermöglichte. Gewiß kamen mir im Umgang mit den manchmal sehr schwierigen und verhaltensgestörten Schülern in den verschiedenen Berufsschulen meine psychologischen Kenntnisse zugute, auch meine schauspielerischen Fähigkeiten; dennoch war es nicht die Erfüllung meines Traums.
Um einen Ausgleich zum täglichen Schulstreß zu finden, war ich gewillt, am Stadttheater Trier kleinere Rollen zu übernehmen und immer da einzuspringen, wo man mich brauchte. So

lernte ich die Welt des Theaters kennen, ihre Akteure, Dompteure und Regisseure. Ob es ein Zufall war, daß ich gerade dort einem Schauspieler begegnete mit Namen Philipp, der mir eines Tages ganz stolz von seinem Namenspatron Filippo Neri erzählte, jenem Heiligen, der in Roms Straßen seinen Schabernack trieb, die Herren der Kurie verspottete und mit seinen schauspielerischen Gaben die Jugendlichen begeisterte? Jedenfalls tat es mir gut, inmitten meiner religiösen Einsamkeit einen Menschen anzutreffen, der eine ungekünstelte, weltoffene Frömmigkeit ausstrahlte. Sie war Anlaß, über meinen eigenen Standpunkt Gott gegenüber Rechenschaft abzulegen.

Eines Tages schlug ich meinen Schülern in der Fachoberklasse für Technik vor, die Bibel zum Thema der nächsten Unterrichtsstunden zu machen. Doch der Vorschlag wurde mit einem allgemeinen »Nicht schon wieder« abgelehnt. Sie argumentierten, daß sie die Bibel in früheren Klassen schon oft zum Gegenstand langweiliger Stunden gehabt hätten und sie im übrigen nichts für den praktischen Alltag hergäbe. Ich bat um Bedenkzeit und brachte die Angelegenheit abends vor Gott; denn ich war nicht gewillt, das Thema einfach so vom Tisch zu fegen.

Auf der Suche nach einer Entscheidungshilfe blätterte ich ziellos in der Bibel und blieb schließlich im zweiten Brief an Timotheus hängen, wo es im vierten Kapitel heißt: »Sage den Menschen die Botschaft Gottes, gleichgültig ob es ihnen paßt oder nicht. Rede ihnen ins Gewissen, weise sie zurecht und ermutige sie. Werde nicht müde, ihnen den rechten Weg zu zeigen. Denn es kommt eine Zeit, da werden sie die wahre Lehre unerträglich finden und sich Lehrer nach ihrem eigenen Geschmack aussuchen, die ihnen nach dem Mund reden.«

Das war die Antwort. Andertags stand ich mit den Bibeln vor 30 lustlos dreinblickenden jungen Männern und erzählte ihnen, wie Gott mir seine Meinung kundtat. Keiner lachte.

Sie saßen da, schweigend, betroffen, erwartungsvoll. Sieben intensive Stunden folgten nun; selten habe ich ein so wachsendes Interesse an der Bibel angetroffen. Ich ahnte, daß Gott wieder einmal seine Hand im Spiel hatte, und mußte erneut erfahren, wie lächerlich meine Ängste waren.

Später bekannten einige Schüler, daß sie seitdem gelegentlich die Bibel läsen. Einer gab zu, dadurch zum Gebet gekommen zu sein, und ein anderer fand den Weg zur Kirche zurück. Ich war selber sehr betroffen von dieser Offenheit und wünschte mir, daß alle Religionslehrer derartige Sternstunden ihrer Pädagogik erleben würden, denn gerade sie sind nicht zu beneiden. Religionslehrer haben einen schweren Stand an den Berufsschulen. Mich wundert es nicht, daß sie einen beachtlichen Teil meiner Patienten ausmachten.

Auf Grund des Lehrermangels und auch auf Grund meiner gefragten Fächerkombination erteilte ich in den Berufsschulklassen Religion, in den hauswirtschaftlichen Klassen Verhaltenskunde und in der Fachklasse für Familienpflege Psychologie und Pädagogik. Hinzu kamen noch die Blockseminare für Krankenpfleger und -schwestern, zahllose Kurse an Volkshochschulen sowie 60 Vorträge im Jahr. Manchmal fragte ich mich selber, wie es da noch möglich war, Patienten anzunehmen und Bücher zu schreiben.

Es kam der Zeitpunkt, an dem ich die Schultätigkeit kündigte. Aus immer entfernteren Orten und Ländern kamen immer mehr Patienten. Inzwischen übernahmen einige Krankenkassen die Kosten, so daß der Augenblick gekommen war, mich ausschließlich auf die Praxis zu konzentrieren und in Vorträgen meine Erfahrungen weiterzugeben. Ein neuer Abschnitt sollte damit beginnen. Er dauerte nur zwei Jahre.

Die Fata Morgana

Immer mehr Menschen suchten meine Praxis auf. Ich wunderte mich über weite Anfahrtsstrecken, die manche zurücklegten, um ein Gespräch oder eine christlich fundierte Therapie zu bekommen. Da gab es junge Leute, die aus den Benelux-Ländern kamen; einer, der mich persönlich kannte und in akuter Selbstmordgefahr schwebte, flog nachts noch von Tansania nach München, mietete sich dort einen Wagen und raste im Eiltempo nach Trier. Eine ältere Dame kam von Mallorca. Den Rekord schlug eine Schweizerin, die eines Abends aus Tokio anrief und um eine Therapie bat, die sie während ihres Deutschlandurlaubs machen wollte. Sie kannte mich von meinen Büchern her.
Viele hatten schon diverse Klinikaufenthalte, Kuren und psychiatrische Behandlungen hinter sich, die ihnen keine Besserung brachten; sie vermißten das regelmäßige Gespräch, das auch ihr gestörtes Glaubens- und Gottesbild zum Inhalt haben sollte. Sie vermißten den spirituellen Aspekt in der Therapie und fühlten sich letztlich doch alleingelassen, unverstanden, manchmal sogar in ihrem religiösen Bekenntnis abgelehnt.
Ich wurde zunehmend belagert, bei Tag und bei Nacht; dann kamen wieder anonyme Anrufe mit zynischen Bemerkungen; zwischendurch rief mich die Polizei aus dem Bett, weil sich ein junger Mann in die Tiefe stürzen wollte; ehemalige Schüler meldeten sich und suchten Hilfe in seelischer Bedrängnis. Anfragen für Seminare und Vorträge häuften sich; ich fühlte mich plötzlich sehr einsam und total überfordert. Mir wurde klar, daß ich im Alleingang so nicht mehr weitermachen konnte. Die ungeheure geistliche Not der Menschen nährte unaufhörlich meinen Wunsch, die sakramentale Dimension in den Heilungsauftrag hineinzubringen; ich vernahm immer drängender den Ruf zur Nachfolge als Priester.

Wie oft in solchen Momenten bat ich Gott um Führung; und da ich mich schwer tue mit dem Warten, bestürmte ich ihn. Ich zog wieder eine jener hilfreichen Bibelspruchkarten aus dem Stapel und las klopfenden Herzens: »Ich werde dich mit meinen Augen begleiten und dir den Weg zeigen, den du gehen sollst« (Ps 32,8).
In der abendlichen Meditation, in der ich die Anliegen meiner Patienten vor Gott trage, schießt mir der Gedanke durch den Kopf, beim Bischof ein Gespräch zu erbitten und mein Anliegen vorzutragen.
Acht Tage später sitze ich dem Bischof von Trier gegenüber. Im Gespräch wird deutlich, daß mein Anliegen nicht auf Diözesan-Ebene beschränkt sein sollte, die Kompetenz eines Bischofs dann aber sprengt. Zunächst seien Pfarrer gesucht. Aber zum Pfarrer fühlte ich mich nicht berufen. Da ich nicht so rasch aufgebe, bemühte ich mich um weitere Gespräche mit anderen Bischöfen. Doch jedesmal folgte der Hinweis auf die Notwendigkeit, vakante Pfarrstellen zu besetzen. Nach der sechsten Anfrage gab ich auf. Ich fragte mich, welchen Weg Gott mir hier gezeigt haben könnte, und fühlte mich sehr deprimiert. Sollte der seit meiner Kindheit bestehende Impuls, Priester werden zu wollen, eine Illusion sein? Es fiel mir schwer, das zu glauben.

Fluchtversuch

Es ist 23 Uhr. Ich sitze in der Studentenkneipe »Simplicissimus« und komme ins Gespräch mit einem jungen Tunesier, der verloren vor seinem Bier sitzt. In fließendem Deutsch erzählt Mohamed seine Lebensgeschichte; die Suche nach besserem Einkommen hat ihn nach Deutschland verschlagen. Jetzt wolle er versuchen, in Trier Fuß zu fassen, Unterkunft und Arbeit zu finden. Doch jedesmal, wenn die Leute seine

dunkle Hautfarbe sähen, sei die Arbeit vergeben und das inserierte Zimmer bereits vermietet. Im Augenblick wisse er nicht weiter.
Ich verspreche ihm Hilfe und bitte ihn, sich nach drei Tagen bei mir zu melden, bis dahin hätte ich sicher beides für ihn gefunden. Und tatsächlich: Ich konnte ihm eine Anstellung als LKW-Fahrer und ein Zimmer im Stadtzentrum besorgen. Und damit begann eine ebenso abenteuerliche wie kostspielige Episode in meinem Leben.
Im Verlauf der nächsten Jahre lernte ich in Tunesien seine Familie kennen, auch seine Schwester, die schon seit zehn Jahren in Deutschland lebte. Dadurch wuchs ein freundschaftliches Verhältnis zwischen mir und seiner großen Verwandtschaft, auch das Interesse, aus meinem stressigen Beruf auszusteigen und in Tunesien eine neue Existenz zu beginnen. Für Afrika hatte ich immer schon eine Schwäche, was meine zahlreichen Reisen in afrikanische Länder bewiesen. Und da ich kaum noch Möglichkeiten sah, meinen Traum von der Tätigkeit als Priester im Heilungsdienst zu verwirklichen, fing ich an, mich innerlich von diesem Traum zu lösen. Ich hatte die Nase voll, im Alleingang meine therapeutische Tätigkeit fortzusetzen und meine Kräfte im Kampf mit den Krankenkassenabrechnungen verschleißen zu lassen; jeder Antrag auf Kostenübernahme war zeitraubend und ärgerlich, weil stets detaillierte und überzeugende Begründungen eingereicht werden mußten, anders als bei den ärztlichen Abrechnungen.
So witterte ich denn Morgenluft, als eines Tages Mohamed mit einer neuen Idee zu mir kam.
»Ich plane, in Tunesien eine T-Shirt-Fabrik zu bauen. Hättest du Interesse, mit einzusteigen?«
»Und wo nimmst du das Geld her?«
»Mein Vater hat große Ländereien; er wäre bereit, uns finanziell zu helfen. Im übrigen kann ein Kredit aufgenommen

werden; außerdem sind bei uns neugegründete Fabriken zehn Jahre lang steuerfrei.«
»Der Gedanke ist nicht schlecht. Ich weiß aber zu wenig von dieser Branche; da müssen wir erst einmal Fachleute befragen und die Kosten überdenken.«
»Kein Problem. Ich habe mich erkundigt. Der Gouverneur von Zaghouan bietet uns ein günstiges Bauland an, das in Moghrane liegt.«
Drei Wochen später saßen wir im Amtszimmer des Gouverneurs und besprachen die Situation. Die Bedingungen schienen tatsächlich so günstig, daß ich dem Plan zusagte und wir alles Bürokratische beim Notar erledigten. Der Vertrag war in arabisch und französisch ausgestellt auf den Namen unserer Firma »Somugos« (Société Mueller-Bougossa GmbH).
Die Bauarbeiten begannen; die Hermes-Versicherung wurde kontaktiert; alles lief für arabische Verhältnisse ungewöhnlich zügig und korrekt. Inzwischen war es im weiten Umkreis von Moghrane bekannt geworden, daß wir eine Fabrik bauten und ungefähr 200 Frauen einstellen und – was äußerst selten vorkommt – auch sozialversichern wollten. Nachdem ich mit eigenen Augen die Lage vor Ort abschätzen konnte, flog ich zurück und hielt telefonisch die Kontakte von Trier aus aufrecht.
Während dieser hektischen Zeit ließen meine Gebete nach; mein Verhältnis zu Gott kühlte merklich ab. Die Arbeit in der Schule lief nur noch nach Vorschrift. Meine Eltern warnten mich in großer Sorge vor diesem Projekt, doch ich war zu sehr in diesen Plan verliebt und schlug alle Warnungen in den Wind.
Da flatterte eines Tages ein Telegramm auf meinen Schreibtisch: »Mohamed im Gefängnis. Bitte helfen!« Sofort hängte ich mich ans Telefon und erfuhr, daß er ein religiöses Gesetz verletzt habe, indem er öffentlich mit einem libyschen Mädchen flirtete. Eine Anzeige brachte ihn ins Gefängnis. Das hat

gerade noch gefehlt, dachte ich, meldete mich in der Schule krank und flog mit der Luxair anderntags nach Tunis, nahm mir einen Wagen und fuhr schnurstracks zum Polizeigebäude von Moghrane. Dort verhandelte ich mit dem zuständigen, mir bekannten Beamten, wies ihn auf die Dringlichkeit einer vorzeitigen Entlassung Mohameds hin und überreichte ihm einen schönen Kronleuchter mit Glasperlen, den ich billig beim Quelle-Versand erstanden hatte. Innerhalb eines Vormittags war Mohamed frei. Ich flog zurück und tat meinen Dienst, als wenn außer einer kleinen Grippe nichts gewesen wäre.
Zweifellos stand das ganze Unternehmen nicht unter dem Segen Gottes. Es dauerte nicht lange, da folgte das jähe Ende der Firma »Somugos«. Als sich Mohamed längere Zeit nicht mehr meldete, stellte ich Nachforschungen an und mußte hören, daß er den reichen Scheich spielte und mit Geld um sich warf, schließlich sich nach Saudi-Arabien abgesetzt hatte. Niemand wußte genau, wo er war. Mit kriminalistischem Spürsinn gelang es mir, nach 14 Telefonaten mit mehreren Botschaften und Konsulaten herauszufinden, in welchem Hotel er untergetaucht war. Ich gebe zu, daß ich in dieser Notlage wieder gebetet habe und Gott um rasche Hilfe ersuchte. Es ist sehr ungewöhnlich, jemanden ausfindig zu machen, von dem man nur weiß, daß er in Djiddah steckt. Als ich ihn am Telefon sprach, war er offensichtlich so überrascht, daß er nur noch herumstotterte und um Vergebung bat.
Das Projekt war damit geplatzt. Die durch seine Unterschlagung entstandenen Schulden mußten jetzt erst einmal abgezahlt werden. Ich gab das Land mitsamt dem begonnenen Bau an den Gouverneur zurück. Die Stimmung der Bewohner von Moghrane war sehr bedrückt. Mohamed wurde von seiner Familie zur unerwünschten Person erklärt und verließ das Land bald darauf. Zuletzt hörte ich, daß er eine Französin heiratete und in Frankreich lebt.

Ich brauchte Monate, um mich von diesem Schock zu erholen. Danach schrieb ich das Buch »Kranke Seele – kranker Körper«. Die Stunde war gekommen, über meine Beziehung zu Gott noch einmal Rechenschaft abzulegen.

Eine Einladung

Der Alptraum von der tunesischen Fabrik war noch nicht ganz verblaßt, da kam ein Schreiben von der Katholischen Akademie Trier: »Wir laden Sie herzlich ein zu unseren Sonntagsgesprächen im Advent.« Ich schaute mir das Angebot im Programm an und stellte fest, daß ich von allen Terminen nur an einem einzigen Sonntag teilnehmen konnte. Das für diesen Tag vorgesehene Thema lautete: »Heilung durch den Geist Gottes.« Referent war ein Priester namens Johannes Mohr. Ich beschloß, mir diesen Vortrag anzuhören, ohne zu ahnen, was da auf mich zukommen würde, und ohne zu wissen, daß Gott es wieder einmal war, der mich rief.
Ich saß in der ersten Reihe und wurde mit jedem Satz, den der Referent in der ihm eigenen Ruhe und Bedächtigkeit sprach, immer neugieriger auf das, was er mit »charismatischer Erneuerung« bezeichnete. Er erzählte von tiefgreifenden Veränderungen, die Gott im Menschen bewirkt, sofern sich der Betreffende auf Gottes Ruf einläßt. Er brachte Beispiele aus seinem eigenen Leben und wies auf eine Gebetsgruppe hin, die sich wöchentlich trifft und Ernst zu machen versucht mit der Erfahrung geistlicher Gaben.
Ich saß da wie auf glühenden Kohlen, brennend darauf bedacht, mich sofort von Gott verändern und in seinen Dienst nehmen zu lassen. Gleichzeitig verspürte ich wieder dieses typische Herzklopfen, das mich immer dann begleitete, wenn ich an meinen heimlichen Wunsch dachte.
So entstanden die ersten Begegnungen mit Gebetsgruppen in

Luxemburg und in Trier. Das war 1982, sieben Jahre nach meinem Weggang von Salzburg. Die Eindrücke, die ich an den Gebetsabenden gewonnen habe, schrieb ich in meinem Buch »Gott heilt auch dich« kurz darauf nieder. Während eines solchen Gebetsabends habe ich Gott mein Leben neu anvertraut und ihn um Klarheit in der beruflichen Entscheidung gebeten. Es sollte aber noch einmal sieben Jahre dauern, bis er mir den konkreten Weg zeigte.
In all den »charismatischen« Jahren stellte ich eine allmähliche Erneuerung meines Gottesverhältnisses fest. Ich durfte gemeinsam mit Johannes Mohr geistliche Seminare gestalten und wuchs so immer tiefer in ein neues Beten hinein, das ich vorher nicht kannte. Zum erstenmal in meinem Leben erfuhr ich, daß der Heilige Geist eine spürbare und heilende Realität ist. Das hatte zur Folge, daß ich das Gebet noch stärker in meine therapeutische Arbeit einbezog und meine Antenne neu auf Gott ausrichtete. Immer häufiger meldeten sich jetzt junge und alte Menschen mit religiösen Problemen, über die sie im Rahmen einer regulären Therapie sprechen wollten. Ich erkannte die riesige Lücke im Gesundheitswesen und litt darunter, daß es kaum christliche Kliniken und christlich ausgerichtete Therapieverfahren gab.
Mitten in diesem Umbruch erreicht mich ein Telefonat: »Hier Mühlen, Paderborn. Ich habe Ihr Buch ›Gott heilt auch dich‹ gelesen und bin dadurch auf Sie aufmerksam geworden. Wären Sie bereit, im theologischen Ausschuß der Charismatischen Erneuerung in Deutschland mitzuarbeiten?«
Er erklärte mir sein Anliegen genauer; ich bat um Bedenkzeit. Einige Wochen später begann ich als gewähltes Mitglied meine Arbeit in diesem Ausschuß; es ging damals um die Ausarbeitung einer verbindlichen Selbstdarstellung der Charismatischen Erneuerung.
Die Charismatische Erneuerung ist ein weltweiter Aufbruch, der in den sechziger Jahren in Amerika begann und inzwi-

schen sämtliche christlichen Konfessionen ergriffen hat. Er strebt nach einer Wiederbelebung des Glaubens und nach einer bewußten Ausrichtung auf Gott, wobei die vom Heiligen Geist geschenkten Gaben (Charismen) wieder neu ins Bewußtsein gerückt werden: Prophetie, Heilung, Erkenntnis, Unterscheidung der Geister, alle die von Paulus aufgezählten übernatürlichen Gaben (vgl. 1 Kor 12 und 14). In der Tat wird nur dort der Glaube Bestand haben, wo der Christ seinen Gott in existentieller Weise bezeugt, wo einer im wahren Sinn des Wortes »begeistert« ist. Ich spürte, daß Gott auch bei mir anklopfte und meine ganze Bereitschaft für seinen Dienst wünschte. Doch ging es mir anfangs wie den Propheten: Aus Angst vor dem, was da noch alles auf mich zukommen würde, sträubte ich mich zuerst.

Und wieder schoß es mir durch den Kopf: Was hat Gott vor? Wohin führt dieser Weg? Sollte ich es nach sechs erfolglosen Anfragen in verschiedenen Diözesen noch ein siebtes Mal versuchen, meine Vision vom priesterlichen Heilungsdienst vorzutragen? Aber wo und bei wem? Fragen über Fragen stürmten auf mich ein. Wie wird es weitergehen?

Bezaubernde Gaben Gottes

Ich liebe Filippo Neri und Don Bosco. Mit beiden verbindet mich eine Gabe, die mir die Möglichkeit gibt, mit Menschen schnell ins Gespräch zu kommen, sie zu erheitern und ihr Vertrauen zu gewinnen. Mit Filippo Neri habe ich die Lust am Scherzen und Späßetreiben gemeinsam; außerdem neige ich, wie er, zu einem verbalen Schlagabtausch und zu witzigen Wortspielen. Mit Don Bosco (gest. 1888 in Turin), dem Seelsorger der verwahrlosten Jugend und Gründer der Kongregation der Salesianer, teile ich die Freude am Zaubern und Schauspielern. Diese Gaben sind sozusagen mein Markenzei-

chen. Es gibt Christen, die Hobbys solcher Art in die Ecke dämonischer Tricks stellen. So wurde mir wiederholt von Seminarteilnehmern gesagt, meine Fähigkeiten dienten der Täuschung: Bauchreden und Zaubern seien Vorspiegelung falscher Tatsachen und daher der Lüge zuzuordnen. Es ist kaum zu glauben, daß eine solche Sichtweise unter erlösten Christen überhaupt anzutreffen ist. Einigen fehlt die natürliche Gabe der Unterscheidung. Sie neigen zu einer vorschnellen und allgemeinen Dämo-kratisierung.
Jedenfalls liebe ich es, Menschen zum Lachen oder zum Staunen zu bringen, zwei lebenswichtige Handlungen, die einigen abhanden gekommen sind. Gute Tricks sind teuer. Es muß vorher gut überlegt sein, was man sich aus dem Riesenangebot der Illusionisten heraussucht. So wollte ich mir schon lange eine spezielle Spiegelkiste kaufen, die zum Erscheinen und Verschwinden von Gegenständen gebraucht wird. Preis 500 DM. Und wie es der Zufall wollte, schuldete mir ein Patient noch ein Honorar in derselben Höhe. Als er mir den Scheck gab, wußte ich schon, wofür er Verwendung finden würde.
Am gleichen Tag suchte mich ein Freund auf, der in Geldnöten steckte. »Kannst du mir helfen? Ich brauche dringend Geld.«
»Wieviel?«
»500 DM.«
Ich schluckte. Ausgerechnet jetzt, dachte ich. Lieber Gott, du hast Humor. Oder ist das deine Art zu zaubern?
»Okay«, sagte ich, »hier hast du einen Scheck in der gewünschten Höhe. Er wurde eben erst ausgestellt für dich.«
Der Scherz war gelungen. Ich glaube, wir hatten alle drei unsere Freude daran.
Die Spiegelkiste konnte ich vergessen; denn die begrenzte Menge solcher Einzelanfertigungen war rasch ausverkauft. Das schmerzte mich natürlich; gewiß hätte ich mir selber eine

bauen können, aber dazu fand ich kaum Zeit. Ich legte mein Anliegen in die Hand Gottes und wartete ab. Kurze Zeit später rief ein Kollege an, ebenfalls Hobbyzauberer, und machte ein überraschendes Angebot:
»Kannst du eine Spiegelkiste brauchen? Ich würde sie dir für 200 DM abtreten. Ich habe mir eine große gekauft.«
Natürlich nahm ich das Angebot an. Es war sogar die gewünschte Größe. Eine halbe Stunde, bevor der Kollege die Kiste brachte, wurde mir ein Brief zugestellt mit einem Scheck. Es handelte sich um Bibliothekstantiemen in Höhe von 200 DM.
Zaubern ist ein kommunikatives Hobby, da es rasch Menschen zueinanderbringt, Ängste abbaut und ins Gespräch führt. Es ist die Kunst, Menschen zum Staunen zu bringen durch Schnelligkeit und Ablenkung. Da ich als Comedy-Zauberer auftrete, also das Zwerchfell meines Publikums strapaziere, hilft es auch mir selber, über manche Krise hinwegzukommen.
Manchmal setze ich die Tricks im Unterricht ein, auch im Rahmen der Evangelisation: Die Kunst der Illusion als Einstieg ins Glaubensgespräch.
Ich erinnere mich an eine Begegnung mit einem jungen Künstler in Salzburg. Curd Jürgens hatte nach seinem Auftritt in »Jedermann« zu einer privaten Fête eine Menge Leute eingeladen, auch mich als Zauberkünstler. Im Lauf des Abends trat ein Gast auf mich zu: »Ich habe gehört, Sie sind Psychologe und Theologe. Mich interessiert, was Sie eigentlich zum Zaubern gebracht hat. Kann man nicht letztlich alle Wunder mit Tricks erklären? Ich meine, ist das, was die Kirche und die Bibel lehren, nicht auch Illusion, Täuschung?«
Das so begonnene Gespräch entwickelte sich zu einem sehr intensiven Glaubensseminar, das erst am Morgen endete.
Später im Noviziat der Pallottiner fand ich in einem jungen Mitbruder, Alexander Diensberg, einen »bezaubernden«

Freund, der die besondere Gabe hat, sich selber immer wieder an seinen Kunststücken zu erfreuen, wenn sie ihm nach vielen Übungen gelungen sind. Ich erfuhr auch, daß der Provinzial meiner künftigen Gemeinschaft, Pater Danko, ein begnadeter »Magier« ist. Es gibt einen Zusammenhang zwischen Religion und »Magie«, und wenn es nur das von vielen Christen falsch verstandene frühere lateinische Wandlungswort »hoc est corpus« ist, das heute als »hokus pokus« in aller Munde ist. Wohlgemerkt: Es geht hier nicht um die okkulte Zauberei, die die Bibel verbietet, sondern um das Charisma, physikalische Gesetze durch Schnelligkeit, motorische und verbale Ablenkungsmanöver scheinbar aufzuheben. In einem solchen Hobby blitzt ein wenig von der Schalkhaftigkeit des göttlichen Schöpfers durch; ich denke, auch der Himmel hat seine Freude daran.

Nachdem ich auf Mallorca eine Stunde vor alten Menschen Tricks vorführte und reichlich für Heiterkeit sorgte, machte mir eine Dame das schönste Geschenk, das sich jemand wünschen kann. Sie sagte: »Seit 15 Jahren bin ich wegen Depressionen in Behandlung. Die beste Behandlung war heute Ihre Darbietung. Ich habe endlich wieder lachen können.«

Der späte Besuch

Eines Abends gegen 9 Uhr stand eine junge Dame vor meiner Tür und bat um ein Gespräch. Sie kam von Köln und hoffte auf eine erste Therapiesitzung an diesem Abend. Ich war alles andere als glücklich darüber, da ich an diesem Tag pausenlos im Einsatz gewesen war und noch nichts gegessen hatte. So gab ich ihr zu verstehen, daß ich jetzt nicht imstande sei, mich ihr zu widmen, und bat sie, anderntags wiederzukommen. Dies sei nun einmal auch das Risiko, wenn man sich nicht anmeldet. Trotz ihres beharrlichen Bittens blieb ich hart und

entließ sie, ohne überhaupt nach ihrer Adresse gefragt zu haben.
Kaum war sie gegangen, überfielen mich heftige Schuldgefühle und Trauer: Wie konnte ich nur so lieblos und stur handeln? Wer weiß, wie groß ihre Not ist, und jetzt diese Enttäuschung! Das Abendessen fiel aus; ich kämpfte mit meinem Gewissen und bat Gott um Vergebung. Außerdem bat ich ihn, die junge Frau noch einmal herkommen zu lassen. Ich wollte nicht eher schlafen gehen, bis sie sich gemeldet hatte.
So wartete ich; doch nichts tat sich. Es wurde 11 Uhr, es wurde Mitternacht. Enttäuscht ging ich zu Bett. Kurz darauf läutete es an der Tür. In diesem Moment wußte ich, daß sie es war. Gott, denke ich, du hast Humor. Erst werfe ich sie raus, jetzt wirft sie mich raus. Sie trat in die Wohnung, verweint, aufgewühlt, von Selbstmordabsichten geplagt. Unser Gespräch war gegen 3 Uhr zu Ende. Beruhigt ging sie in ihr Hotel. Ich bestellte sie für die nächsten zwei Wochen täglich in meine Praxis. Danach fuhr sie gestärkt und zuversichtlich nach Hause.

Dunkelheit der Seele

Ich tue mich schwer, heute morgen an diesem Buch weiterzuschreiben. Seit einigen Tagen fühle ich mich nicht gut, bin deprimiert und leide unter dem Gefühl tiefer Einsamkeit. Solche Phasen kommen immer wieder vor. Ich weiß sie nicht recht einzuordnen. Manchmal bedarf es nur geringer Auslöser, zum Beispiel Arbeitsüberlastung oder Schlafdefizit.
Ich bete dann trotz geistlicher Trockenheit und einem Gefühl der Trostlosigkeit weiter, vermag aber nichts zu spüren. Ich bin wie gelähmt und außerstande, mich den Problemen meiner Mitmenschen aktiv zuzuwenden. Die Rollenerwartung, die andere an mich stellen, erdrückt mich. Zu viele suchen in

mir ständig den Therapeuten, den Guru, den Fachmann; sie gebrauchen mich funktional. Dann laufe ich Gefahr, dieser Erwartung gerecht werden zu wollen, um nicht zu enttäuschen, und enttäusche prompt. Nicht selten bekomme ich dann zu hören, ich sei unnahbar, kühl, distanziert. Manche deuten meine Selbstsicherheit als Arroganz; das tut mir sehr weh, weil es keine Arroganz ist, eher Verdeckung von Ängsten.

Gott schenkte mir viele Gaben. Das bringt auch Probleme mit sich. Durch meine Vielseitigkeit schaffe ich mir auch Neider. Ziehe ich mich dann zurück, um keinen Anlaß zur Kritik zu geben, fragt man mich, ob es mir nicht gut gehe.

Ein sehr guter Freund sagte mir einmal: »Als ich dich zum ersten Mal sah, warst du für mich unerreichbar. Dein Wissen, deine lockere Art, dich zu geben, deine Witze, alles, was du sagtest, legte ich auf eine Goldwaage. Ich wollte von dir lernen. Erst als ich dich vom Sockel herunterholte, konnte ich ebenbürtig mit dir kommunizieren.«

Ich habe lernen müssen, daß nicht alle Vorwürfe auch wirklich in mir begründet sind, sondern daß sie allzuoft Projektionen der anderen sind, etwas, das sie bei sich ablehnen oder vergeblich suchen, aber im Mitmenschen finden.

Es gibt sogar Leute, die mir keine handgeschriebenen Briefe schreiben, weil sie glauben, ich würde ihre Schrift graphologisch untersuchen. Dann gibt es auch die, die behaupten, meine Auftritte als Zauberkünstler, Bauchredner, Unterhalter dienten nur der Profilierung. Auch hier weiß ich, daß solche Menschen erhebliche Schwierigkeiten mit ihren eigenen Grenzen haben. Mit solchen Interpretationen zu leben, fällt mir nicht leicht. So selbstsicher wie ich scheine oder gern gesehen werde, bin ich nicht.

Es nervt mich bisweilen, wenn die Leute kommen und mir vorwurfsvoll zu verstehen geben, daß ich als Psychologe doch dies und jenes wissen müßte. Oder daß sie mir unterstellen, ich hätte ja sowieso immer den Durchblick. Ich habe ihn nicht. Ich will das Recht für mich in Anspruch nehmen, Fehler machen zu dürfen.

Anonyme Anrufe, beleidigende Briefe und verleumderische Kampagnen zehren an meiner Substanz. Ich halte mich nicht für einen Helden. Mag sein, daß ich manchmal zu stark provoziere. Aber ohne Provokation bewegt sich nicht viel. Es geht mir nicht darum, gefallen zu wollen und gefällig zu sein. Bisweilen muß ich einem Menschen Schmerz zufügen, damit er geheilt werden kann; so etwas schmerzt mich auch selber. Vielleicht ist das mit ein Grund, weshalb die Selbstmordquote unter den therapeutischen Berufen die höchste ist.

Die Erfahrung eigenen Leids befähigt zu besserem Verstehen fremden Leids; sie bewahrt vor Überheblichkeit und ruft zur Solidarität mit allen Leidenden auf. Dennoch bitte ich niemals Gott um ein solches Kreuz. Aber ich fühle mich aufgerufen, meinen Platz als Seelsorger einzunehmen und nicht vor der Verantwortung zu flüchten.

Ich weiß, daß manche in mir den Heiler sehen und überhöhte Erwartungen an mich stellen. So was geht schief; denn allein Gott bewirkt das Heil. Auch glaube ich nicht, daß meine Gebete eher erhört werden als die Gebete anderer. Natürlich frage ich mich, inwieweit ich selber Schuld daran trage, daß ein solches Zerrbild entstehen konnte.

Wenn es mir schlecht geht, suche ich meine Freunde auf, und da ich auch fordernd sein kann, brauche ich stabile, geduldige Freunde. Mit ihnen essen zu gehen, zu plaudern, etwas zu unternehmen, ist mir eine große Hilfe.

Der Magen ist mein Seismograph; Ärger und Angst somatisieren sich mit penetranter Regelmäßigkeit im Magen-Darm-Bereich. Deshalb gehört das Autogene Training zu meinem Entspannungsverfahren.

Manchmal hilft auch ein Blick auf das Kreuz, ein kurzes Stoßgebet, das Gestatten der Tränen.

Begegnung in 10 000 m Höhe

Eine besondere Überraschung erlebte ich auf einer Amerikareise, die ich mit Rainer und Thomas, zwei Mitarbeitern unseres frisch etablierten Jugendkabaretts in Wiltingen/Saar, im Sommer 1985 unternahm.

Ich erinnere mich noch, wie ich im Flugzeug zu Thomas sagte: »Das wäre ja zu heiß, wenn wir in Florida jemanden aus der Charismatischen Erneuerung träfen, der uns zu sich einlädt.« Ich ahnte nicht, daß dieser Jemand bereits eine Reihe vor uns saß.

Wir waren eine Zeitlang miteinander im Gespräch vertieft, redeten über dies und das, vor allem aber über den religiösen Pluralismus und über die Kirchenzersplitterungen in Amerika, als sich dieser Jemand umdrehte und in fließendem Deutsch sagte:

»Entschuldigen Sie bitte, wenn ich mich einmische in Ihre Unterhaltung. Mein Name ist Joe Smalley, ich arbeite in Müllheim/Rhein beim ›Feldzug für Christus‹ und bin auf dem Weg nach Hause zu meinen Eltern in Florida. Ich habe Ihr Gespräch mitgehört. Was Sie sagen, interessiert mich. Wissen Sie, ich bin Koordinator der Aktion ›Athletes in Action‹ für Europa, einer überkonfessionellen christlichen Sportlervereinigung.«

Diese Einleitung war der Beginn einer sehr freundschaftlichen Unterhaltung, die erst im Flughafen von Miami ihr Ende nahm. Als er hörte, daß wir in seiner Nähe eine Zeitlang Station machen wollten, lud er uns zu seiner Familie nach Fort Lauderdale ein.

Joe Smalley war 1981 vom Mount Hermon Schriftsteller-Kongreß zum »Autor des Jahres« ernannt worden; er verfaßte einige Bücher und zahlreiche Artikel über das Leben gläubig gewordener Sportler. In einem seiner Bücher, »Helden des NFL« (nationaler Fußballbund, d. Verf.), zeigt er auf, wie bekannte Sportler zum Glauben kamen und ihr Leben verändert haben: Joe Gibbs, Archie Griffin, Steve Largent, John Stallworth, Glenn Blackwood und andere. Es war für uns eine sehr ermutigende Begegnung. Ob er heute noch in Müllheim arbeitet, weiß ich nicht. Ich wünsche mir jedenfalls, daß noch viele Sportler die Bekanntschaft mit Leuten vom Schlag eines Joe Smalley machen. Übrigens war er erst 29 Jahre alt.

Gott schickt einen Engel

Es war an einem herbstlichen Spätnachmittag. Ich fuhr mit dem Wagen durch den Hunsrück mit der Absicht, einen Spaziergang zu machen, um auszuspannen vom strapaziösen Tag. So parkte ich das Auto am Rand eines Waldes und machte mich zu Fuß auf den Weg. Ich genoß diesen lichten Mischwald und vergaß dabei gänzlich, daß es allmählich dunkler und mein zurückgelegter Weg immer weiter wurde.
So begann ich den Rückmarsch mit einem etwas schnelleren Tempo. Doch wie ein chinesisches Sprichwort sagt: Wenn du einen weiten Weg zu gehen hast, beeile dich nicht! Meine Eile hatte zur Folge, daß ich mir plötzlich den rechten Fuß verstauchte und erhebliche Schmerzen bekam. Der Fuß schwoll an und erlaubte mir kein festes Auftreten mehr.
Da stand ich nun, meilenweit vom Wagen entfernt, mutterseelenallein, von der Dämmerung eingeholt. »Gott, wenn du dir jetzt nichts einfallen läßt, steh ich ganz schön dumm da«, murmelte ich vor mich hin und bat den Himmel um Hilfe. Insgeheim dachte ich an ein vorbeikommendes Auto. Wenngleich der Waldweg keine frischen Reifenspuren zeigte, hoffte ich doch auf das Kommen eines Wagens. Jedenfalls trug ich diesen Gedanken dem lieben Gott vor und begann zu hoffen.

Die Leitung zum Himmel muß frei gewesen sein; denn es dauerte keine fünf Minuten, als ich einen Motor hörte und kurz darauf die Lichter eines Autos näherkommen sah. »Danke für diesen prompten Service«, sagte ich und winkte dem Fahrer zu. Der hatte schon gesehen, was los war, öffnete das Fenster und meinte: »Ich sehe, Sie brauchen Hilfe. Steigen Sie ein.«
»Sie sind vom Himmel geschickt«, entgegnete ich und stieg in den Wagen.
»Das bin ich auch«, erwiderte der Herr und lachte.
»Das müssen Sie mir genauer erklären«, bat ich ihn, während er mich zu meinem abgestellten Wagen brachte.
»Nun«, meinte er, »ich war gerade auf dem Heimweg, als ich vorne bei der Kreuzung in Richtung Morbach den deutlichen inneren Impuls verspürte, nach rechts einzubiegen. Ich weiß zwar nicht wieso, aber ich bog ein und bin direkt auf Sie zugefahren.«
»Glauben Sie an Engel?« fragte ich ihn. »Ja, Sie meinen, ich bin so ein Engel?« – »Aber klar doch«, lachte ich und bedankte mich für sein buchstäbliches Entgegenkommen.

Evangelisation auf Mallorca

Eines Tages rief die Auslandsseelsorgerin Inge Schmidt aus Mallorca an und fragte, ob es mir möglich sei, in Can Pastilla und in Paguera eine Vortragswoche für die dort lebenden Deutschen durchzuführen. Ich kannte Inge Schmidt von ihrer früheren Tätigkeit im Heinrich-Pesch-Haus in Ludwigshafen her. Gern sagte ich zu und freute mich darauf, Arbeit und Urlaub auf Mallorca verbinden zu können.
Was sich dort während der zehn Tage im Februar 1988 ereignete, läßt sich schwer in Worte fassen. Abgesehen von Inges Gastfreundschaft beeindruckte mich die rege Teilnahme der

Deutschen, darunter auch Touristen und neugierige Strandspaziergänger. Sie füllten jeweils die beiden Kirchen, in denen ich täglich meine Vorträge über innere Heilung, über Glaubensängste und Gottesbilder, über biblische Psychosomatik und Gebetspraxis hielt. Es war erstaunlich, daß zu den besten Zeiten bei schönstem Wetter morgens um zehn und mittags um sechzehn Uhr so viele Menschen kamen, um ihren Hunger nach Gott und ihre Sehnsucht nach innerer Heilung zu stillen. Viele hatten meine kurze Morgenansprache im »Radio Baleareo« gehört und machten sich auch aus dem Innern der Insel auf den Weg.

Da in den anschließenden persönlichen Aussprachen immer wieder die seelische und geistliche Not vieler Teilnehmer zutage trat, entschloß ich mich, zu einem Segnungsgottesdienst mit eucharistischer Anbetung in der franziskanischen Rundkirche von Can Pastilla einzuladen.

Einige Patres rieten mir davon ab mit dem Hinweis, daß bei derartigen religiösen Veranstaltungen kaum jemand käme. Ich wollte es dennoch versuchen und bat Gott um kräftige Unterstützung, vor allem aber um seinen heilenden Geist für all die Kranken, Enttäuschten, Verlassenen und Suchenden. Pater Schmid, Inge und eine Organistin halfen mir bei den Vorbereitungen und bei der Gestaltung des Gottesdienstes. Irgendwo fand ich noch eine verstaubte Monstranz, die ich auseinandernahm und gründlich reinigte. Der Sakristan schaute mich fassungslos und kopfschüttelnd an. So was hat er noch nicht erlebt: Da kommt ein Deutscher daher, wünscht eine Monstranz (die erst gesucht werden muß), und bringt die gewohnte Ordnung aus den Fugen. Wenn das mal gut geht!

Es ging gut. Die Kirche war gefüllt. Es lag mir daran, gemeinsam mit Pater Schmid, einem Benediktiner, durch Gebet und Gesang erst einmal die rechte Atmosphäre zu schaffen. In einer Ansprache ging ich auf die Heilungsgeschichte des blinden Bartimäus ein, der seinen Mantel abwarf, bevor er auf Jesus zuging. Ich rief auf, alle Mäntel abzuwerfen: den Mantel des Grolls, des Unglaubens, der Bitterkeit, der Selbstablehnung, der Unversöhnlichkeit...

Dann folgte eine große Stille, die mit einem Heilungsgebet abgeschlossen wurde. Ich rief die Leute auf, nach vorne zu kommen, uns ihr Anliegen zu sagen und es im Gebet gemeinsam vor Gott zu bringen. Jeder kam. Es bildeten sich zwei lange Menschenreihen; jeder brachte sein Anliegen für sich oder stellvertretend für seine Angehörigen vor, während die anderen Lieder des Lobpreises und der Anbetung sangen.

Zwei Stunden dauerte der Segnungsgottesdienst; wir erlebten eine sehr dichte Atmosphäre des Gebetes, tiefe Betroffenheit bei den Teilnehmern, Freudentränen.

Später in Deutschland erreichten mich ermutigende Briefe, Glaubenszeugnisse und weitere Anfragen nach solchen Gottesdiensten in näherer Umgebung. Ich bedaure sehr, daß so wenige Priester bereit sind, den Kranken und Suchenden in ihren Gemeinden solche liturgischen Feiern anzubieten. Ich kenne einige Seelsorger, die regelmäßig Heilungs- beziehungsweise Segnungsgottesdienste anbieten; sie alle sind in der Charismatischen Erneuerung tätig, von der Pater Emiliano Tardif sagt, daß vornehmlich aus ihr die Priester der Zukunft kommen werden.

Ich verließ die Insel, ein wenig erschöpft, aber reich beschenkt, und nahm meine therapeutische Arbeit in Trier mit neuen Impulsen wieder auf.

Die Erfahrung des Bösen

Immer häufiger schickten Neurologen und auch Pfarrer Patienten zu mir, die ein sehr diffuses, manchmal psychotisches Krankheitsbild boten. Sie hatten in der Regel schon mehrere erfolglose Klinikaufenthalte hinter sich und präsentierten sich mir oft als wandelnde Apotheken: vollgepumpt mit Psychopharmaka.

Ich hatte den Eindruck, daß die Krankheitsbilder immer schlimmere Ausmaße annahmen. Neben den depressiven Symptomen, die sich meist hinter vegetativen Funktionsstörungen verbargen, fanden sich gelegentlich scheinpsychotische Merkmale, die, oberflächlich betrachtet, schizophrenen Charakter zu haben schienen. Die Betreffenden hörten Stimmen, die sie zu autoaggressiven Handlungen aufforderten, also zu Selbstmord oder Selbstverstümmelungen. Manche gaben an, einen Läster- und Fluchzwang zu haben oder einen Lachzwang während des Betens oder eine innere Sperre religiösen Handlungen gegenüber. Die damit verbundenen Ängste und Schuldgefühle wie auch das Stimmenhören ließen sich durch keine herkömmliche Therapie beeinflussen.

Eines Tages kam ein junger Mann zu mir, der ein erbärmliches Erscheinungsbild bot: Ständig mit den Beinen zitternd und die Knie aneinanderschlagend, saß er vor mir; sein unruhiger Blick und seine ungeordnete Sprache verwirrten mich. Dann stand er wieder auf, lief durch den Raum, legte sich auf die Couch, stand wieder auf. Ich hatte vermutlich einen Psychotiker mit Mobilitätsstörungen vor mir. Seit Geburt sei er krank, sagte er. Er habe einen ungeheuren Haß auf seine Mutter, die sich ein Leben lang mit okkulten Handlungen beschäftigte, sogar Satansbeschwörungen praktiziere und ihn dem Teufel geweiht habe.

Ich war geneigt, diese Geschichte zunächst einmal als gewaltige Übertreibung eines Hysterikers abzutun, mußte aber an einen ähnlichen Fall denken, der mir kurz vorher von einer depressiven Frau berichtet wurde.

Immer mehr sah ich mich genötigt, meine bescheidenen Kenntnisse auf dem Gebiet des Okkultismus zu erweitern. Ich sprach mit Heilern im kirchlichen Befreiungsdienst, befaßte mich mit Scaramellis »Unterscheidung der Geister«, mit den psychischen Folgen des Satanskults und mußte entsetzt feststellen, wie tief und groß dieser okkulte Sumpf sich in der Gesellschaft ausbreitet.

Vertreter fundamentalistisch gesinnter Christen deuteten gewisse Erkrankungen prinzipiell als Folgen dämonischer Beeinflussung; andere sahen darin lediglich abgelöste psychische Eigenkräfte; wieder andere verfielen der naiven Idee, dies alles sei die Strafe Gottes für verbotenes Tun, und bemühten biblische Zitate. Ich sah mich einem undurchsichtigen Gestrüpp von Meinungen gegenüber, die sich allesamt einer empirischen Überprüfung entzogen. Mir war klar, daß hier die Gabe zur Unterscheidung der Geister dringend geboten war.

Ich persönlich glaube, daß es die Macht des Bösen gibt, suche aber zuerst die natürliche Erklärung, die im Bereich der menschlichen Psyche zu finden ist. Ich will nicht ausschließen, daß es Vorgänge gibt, die dem mittel- oder unmittelbaren Wirken geistiger Mächte zuzuschreiben sind. Das theologische Geschwätz von der Entmystifizierung des Teufels hat dazu beigetragen, daß viele Christen, auch Priester, die Existenz dämonischer Mächte leugnen. Es gibt zu denken, daß in der Regel die durch okkultes Treiben bedingten Erkrankungen nicht auf Medikamente ansprechen. Außerdem fällt auf, daß diese Kranken merkwürdige Abwehrreaktionen gegenüber Gebeten und sakralen Gegenständen zeigen.

Ich bin immer wieder sehr beeindruckt von der Erfahrung, daß eine Heilung okkult bedingter Störungen erst dann erfolgt, wenn der Betreffende dieses Tun radikal aufgibt, sein Leben Gott neu anbietet und vor allem regelmäßig betet. Medikamente sind allenfalls in akuten Fällen als begleitende Maßnahme nützlich.

Ich bin überzeugt, daß eine Reihe von Patienten, die in den psychiatrischen Abteilungen über Jahre hinweg dahinvegetieren, geheilt werden könnten, wenn die Ärzte Einsicht und Mut hätten, die möglichen okkulten Hintergründe der jeweiligen Krankheit zu erforschen und auch eine entsprechende geistliche Therapie zuzulassen. Auf diesem Gebiet sind schlimme Versäumnisse festzustellen, die zu hinterfragen weder Ärzte noch Priester bereit sind, vielleicht aus Angst vor einem möglichen Imageverlust, vielleicht weil sie selbst eigene Glaubensdefizite haben.

Zu dem eingangs erwähnten jungen Mann ist zu sagen, daß er während meines Gebets absolut still dasaß und mit dem »Amen« wieder in Zuckungen verfiel. Um Suggestionen oder hysterisches Spielen auszuschalten, betete ich während der Sitzung öfter still. Der Mann konnte also gar nicht wissen, wann ich zu beten begann; dennoch blieben seine motorischen »Ausschläge« für die Dauer des Gebets aus.

Hier möchte ich ein Wort über den sogenannten Exorzismus sagen. Der Begriff löst bei vielen Menschen Abwehr aus, auch mittelalterliche Vorstellungen über den biblischen Begriff der Dämonenaustreibung, durch Filme wie »Der Exorzist« verzerrt dargestellt. Die aufgeklärten Christen können damit nicht viel anfangen. Wenn wir an die Existenz dämonischer Mächte glauben – und auf Grund der Aussagen Jesu wie auch auf Grund von Erfahrungen vieler Heiligen, zum Beispiel des Pfarrers von Ars oder des evangelischen Pfarrers Johann Christoph Blumhardt, haben wir Anlaß dazu –, dann kommen wir nicht daran vorbei, deren Wirksamkeit in dieser Welt klugerweise einzukalkulieren. Die Schwierigkeit liegt in der Abgrenzung und in der Bewertung, aber auch in der pastoralmedizinischen Vorgehensweise. Die Vater-Unser-Bitte »erlöse uns von dem Bösen« ist nichts anderes als jener Ruf nach Befreiung, der im Exorzismus eine ritualisierte Ausformung findet.

Gewiß darf dieser Befreiungsdienst, der auch ein Auftrag Jesu an uns heute ist (Mk 16,17), nicht zu einem Horrorspektakel ausarten. Für gewöhnlich besteht er in nichts anderem als in der inständigen Forderung, im Namen Jesu mögen die bösen Mächte weichen.

Wer die Existenz dämonischer Mächte leugnet, wird dem biblischen Zeugnis nicht gerecht und gerät in Schwierigkeit, das Böse in der Welt zu erklären beziehungweise zu bannen. Alles mit Symptomen der Hysterie erklären zu wollen, wäre einseitig und weckt den Verdacht eines rationalistischen, angstbesetzten Denkens. Wo dieses Denken vorherrscht, kann das Böse im Untergrund wuchern. Es überrascht daher nicht, daß zur Zeit Satansmessen, Hexenkult und Anrufung böser Geister traurige Urständ feiern. Hierüber regt man sich weniger auf als über eine bekannt gewordene Dämonenbannung, die besser den Namen »Befreiungsdienst« bekommen sollte.

Immer mehr okkult gestörte Menschen kamen in meine Praxis. Es spielt keine Rolle, ob hier tatsächlich dämonische Mächte mitspielen oder ob sich psychische Eigenkräfte abspalten – die Symptome sind destruktiv und reichen aus, vor solchen okkulten »Spielereien« zu warnen. Besonders junge Menschen laufen Gefahr, in okkulten Praktiken ihre Neugier zu befriedigen und nach Geheimnissen zu forschen, die dem Menschen verschlossen bleiben. Was sich aber tatsächlich beim Tischrücken, beim Stimmenfang auf Band oder bei spiritistischen Sitzungen abspielt, bleibt meist unklar. In den meisten Fällen spielen Projektionen unbewußter Gedanken eine Rolle. Das ist nicht weniger gefährlich, weil hier Abhängigkeiten, Ängste, sogar Psychosen entstehen können. Die Abspaltung unterbewußter Seelenschichten kann sich im Stimmenhören oder Gespenstersehen manifestieren. Niemand vermag zu sagen, ob hier »nur« die Eigendynamik der Psyche am Werk ist oder geistige Wesen. Auf Grund meiner Praxiserfahrungen als Psychotherapeut kann ich nur warnen vor solchen Praktiken. In meinem Buch »Wege zum geistlichen Leben« habe ich versucht, Hilfen zur Erkenntnis und Unterscheidung dieser Phänomene zu geben. Ein Christ muß weder überall den Teufel wittern noch Ängste entwickeln; er hat die Zuwendung Gottes und bedarf keinerlei Ausflüge in die okkulte Welt.

Ich selbst bin einmal Opfer eines höchstwahrscheinlich okkulten Beschusses geworden. Bis dahin hatte ich die Wirksamkeit von echten Verwünschungen dem Bereich der Märchen zugeordnet. Eines Morgens wachte ich auf und war am ganzen Körper mit einem Ausschlag behaftet: Rote, fünfmarkgroße Quaddeln bedeckten mich von Kopf bis Fuß. Erschrocken stand ich da und suchte fieberhaft nach Erklärungen. Der Hautarzt machte sofort einen Allergietest, dessen Ergebnisse nicht weiterführten. Von Anfang an kam mir der Sachverhalt wie ein »Spuk« vor; ein seltsames Gefühl war da, das mir zu sagen schien: Das ist keine Allergie, keine Infektion; da liegt etwas anderes vor.

Die verschriebene Cortisonsalbe brachte nicht die geringste Besserung, im Gegenteil: Am zweiten Tag war es noch schlimmer. Jetzt sahen meine dickgeschwollenen Lippen aus wie ein Fischmaul. Die Ekzeme juckten nicht. Der Allergologe plante eine Großoffensive mit allen möglichen Verfahren, die sich über Monate hinziehen konnten.

Da bat ich am fünften Tag die Teilnehmer eines Seminars, das ich leitete, um ihr Gebet. Es waren viele Priester anwesend. Während des handauflegenden Gebets schenkte Gott einer Teilnehmerin ein Bild; sie sah zwei Männer und an ihnen eine Schlange. Diese beiden Personen sprachen Verwünschungen gegen mich aus; sie beschrieb die Männer. Ein Priester sprach das Befreiungsgebet. In diesem Moment fühlte ich eine bevorstehende Heilung. Und tatsächlich war am anderen Morgen alles spurlos verschwunden: keine Ekzeme mehr, absolut symptomfrei. Dem Arzt war das völlig rätselhaft.

Erstmals mußte ich mich mit dem Phänomen okkulter Über-

tragungen auseinandersetzen. Es gab also Feinde, die mir Übles wollten. Dagegen mußte ich mich schützen. Aber wie? Ich beschloß, von nun an täglich besonders um Schutz vor dieser Gefahr zu beten und alles, was dem Bösen Tür und Tor öffnen könnte, zu meiden.
Ich bin mir im klaren, daß dieses Kapitel für den Leser eine starke Zumutung darstellt. Dennoch habe ich gewagt, meine Erfahrung und meine Deutung preiszugeben. Wir vermögen nicht alles mit rationalen Argumenten zu erklären; nur wer Angst vor dem Nichtgreifbaren hat, ist versucht, es sofort zu erklären, um sich zu beruhigen. Je vehementer und kompromißloser er seine Rationalisierungen verteidigt, desto tiefer sitzt die Angst. Nicht immer. Aber manche Leute haben keinen Zugang zum Glauben beziehungsweise keine Sensibilität für den Bereich des Numinosen. Diesbezüglich mußte ich auch immer wieder eines Besseren belehrt werden.

Erneuter Ruf in Medjugorje

Angesichts des wachsenden Bedürfnisses nach christlich ausgerichteten Therapien und angesichts des Mangels an psychologisch ausgebildeten Priestern wurde in mir die alte Sehnsucht wieder wach. In stillen Zeiten, wenn ich beispielsweise an Einkehrtagen teilnahm, war sie besonders deutlich und drängend. Ich fühlte den Augenblick gekommen, jetzt meinen siebten und letzten Versuch zu starten, das, was ich als Ruf Gottes erkannt habe, in die Tat umzusetzen. Aber wie und wo?
Da hörte ich von Medjugorje und gedachte, diesen Erscheinungsort der Mutter Gottes zu besuchen, wenngleich ich auch skeptisch war, was die Erscheinungen betraf. Es stand fest, zur Jahreswende 1986/87 mit einem Freund, Wolfgang Holzschuh, die Reise im PKW anzutreten.

Kurz vor der Abreise erreichte mich ein Brief, in dem mir ein junger Theologiestudent aus Tübingen, Josef Böhle, Informationsmaterial über Medjugorje sandte. So ein Zufall, dachte ich, und packte den Koffer. Zweiundzwanzig Stunden später kamen wir abends in Medjugorje an und drängten uns durch die Menschenmasse zum Pfarrhaus. Ich wollte Pater Slavko Barbarič sprechen, von dem ich einiges gelesen hatte, und ihm als Kollege vom Fach einige Fragen zu den Ereignissen stellen. Ein kleiner rundlicher Pater öffnete uns. Ich stellte mich vor. »Ja ja, kommen Sie herein. Wir haben Sie erwartet!« Mir verschlug es die Sprache. Erwartet? Ehe ich fragen konnte, war er schon verschwunden, um Pater Slavko zu suchen. Auf dem Schreibtisch lag mein Buch »Gott heilt auch dich«. Ein großes Staunen überfiel uns beide.

Dann trat Pater Slavko ins Zimmer; wir unterhielten uns eine Stunde lang und wurden dann zum Abendessen eingeladen, gemeinsam mit den anderen Franziskanerpatres. Wir waren überwältigt. Spät am Abend fuhr uns Pater Ivan (der kleine rundliche) zur privaten Unterkunft, nicht ohne nochmals eine besondere Einladung auszusprechen: »Kommen Sie morgen ins Pfarrhaus. Dort findet um 18 Uhr die Erscheinung statt. Es haben nur wenige Personen Platz. Kommen Sie um 17 Uhr; wir beten dann den Rosenkranz!«

Voller Erwartung begaben wir uns anderntags ins Pfarrhaus und durften in unmittelbarer Nähe der Seher der Erscheinung beiwohnen. Viele meiner Bedenken lösten sich in diesen wenigen Minuten in nichts auf. Was mein Verstand vergeblich zu erforschen suchte, begriff mein Herz mit einem Schlag. Ich ging in die Knie. Im anschließenden Gottesdienst erfaßte mich das deutliche Gefühl einer inneren Wärme. Ich kann es nicht beschreiben. Mir wurde mit einem Mal klar, wie verkopft mein Glaube immer noch war, wie undankbar ich Gott gegenüber bin...

Am nächsten Tag trat ein junger Mann auf mich zu:

»Sie sind Dr. Jörg Müller?«
»Ja, kennen wir uns?«
»Nein, ich bin Josef Böhle, der Ihnen Prospekte zugeschickt hat.«
»Sie sind das? Woher wußten Sie denn von meiner Absicht, hierher zu kommen?«
Er erklärte mir, daß er vor geraumer Zeit im Gebet den Impuls gespürt habe, mir Material zuschicken zu sollen. Ein früherer Praktikant von mir gab ihm meine Anschrift und beschrieb ihm mein Aussehen.
Die seltsamen Ereignisse häuften sich nun. Während Wolfgang und ich überlegten, wie wir am besten mit den Sehern ins Gespräch kommen könnten, bot sich plötzlich ein Italiener an, uns in die Häuser der Seher zu führen und Dolmetscher zu spielen. Er hatte gute persönliche Beziehungen zu ihnen. Wir waren einfach überwältigt, wie rasch unsere Wünsche in Erfüllung gingen.
Während einer Eucharistiefeier verspürte ich deutlich einen inneren Anruf: »Werde Priester in einer Ordensgemeinschaft!« Dann wieder dieses Herzklopfen und dieses Gefühl der Wärme.
Gut, dachte ich, sobald du zu Hause bist, wirst du schauen müssen, welche Gemeinschaft in Frage kommt. Ein klein bißchen Angst begleitete mich: Ich hatte nie vor, in einen Orden einzutreten. Aber wenn Gott es wollte, war ich dazu bereit.

Gott antwortet

Seit meiner Rückkehr von Medjugorje hatte ich das Empfinden, daß irgend etwas Einschneidendes in nächster Zeit geschehen würde. Der Gedanke, in eine Ordensgemeinschaft einzutreten, begleitete mich und verursachte mir gemischte Gefühle; doch es schien mir der Zeitpunkt gekommen, einen

Weg einzuschlagen, von dem ich seit einigen Wochen ahnte, daß er nicht unbedingt meinen farbenfrohen Plänen entsprach. Ausgerechnet jetzt fiel mir eine Bemerkung Jesu ein, die an Petrus gerichtet war: »...ein anderer wird dich binden und dorthin führen, wohin du nicht willst!« (Joh 21,18) Diesen Satz habe ich immer gefürchtet. Bei einem Einkehrtag ein Jahr zuvor hatte mir der Priester ein Kärtchen in die Hand gegeben, auf dem jene Worte standen, die ich sehr rasch ins Unterbewußtsein verdrängte.

Mir wurde bewußt, daß ich allzugern Kompromisse mit dem lieben Gott geschlossen hätte; doch die Nachfolge Jesu sollte bedingungslos und kompromißlos sein. Also besprach ich mich mit Freunden, Priestern und Ordensleuten, um die Gemeinschaft zu finden, die möglicherweise im Plan Gottes lag.

In einem Gespräch mit Professor Heribert Mühlen fiel das entscheidende Wort: »Könntest du dir vorstellen, Pallottiner zu sein? Deine Interessen und Fähigkeiten sind am ehesten noch in dieser Gemeinschaft aufgehoben. Sie ist kein Orden im kirchenrechtlichen Sinn; sie kommt den Jesuiten am nächsten, bezieht den Laien in die aktive Seelsorge mit ein und praktiziert eine weitgefächerte Pastoraltheologie, in der du sicher ein für dich geeignetes Seelsorgefeld findest.«

Ich hatte mich noch nicht näher mit den Pallottinern befaßt, wußte wenig über sie zu sagen und war bereit, diesem Hinweis zu folgen und mich mit der »Gemeinschaft vom Katholischen Apostolat«, wie sie offiziell heißt, in Verbindung zu setzen. Bei diesem Gedanken wurden mir plötzlich die vorangegangenen Gespräche wieder bewußt, die ich mit etlichen Bischöfen geführt hatte. Die dabei ergangenen Absagen weckten Zweifel an meiner Berufung. Wie sollten sechs aufeinanderfolgende Absagen verstanden werden? Einer der angefragten Bischöfe schrieb mir: »Nehmen Sie meine Absage als Fingerzeig Gottes und arbeiten Sie in Ihrem jetzigen

Beruf als Psychotherapeut weiter.« Ich war sehr betroffen und fragte mich, ob man die Geschehnisse so einfach deuten sollte oder ob nicht vielmehr meine Beharrlichkeit und das Nichtlockerlassen hier gefordert sein könnten. Ich bin nicht der Typ, der so schnell aufgibt. Ich wehre mich gegen die sehr verbreitete Auffassung unter Christen, daß das Scheitern von Bemühungen ein Hinweis auf das »Nein«« Gottes sei. Im Gegenteil: Ich deute es als Aufforderung, weiterzukämpfen, notfalls von Gott ein Zeichen zu erbitten. Und dieses Zeichen zu erflehen, schien mir jetzt der Moment gekommen zu sein. »Herr«, sagte ich, »ich werde jetzt meine siebte Anfrage machen; sie ist die letzte, die ich wage. Wenn auch jetzt eine Absage erfolgt, nehme ich dies als dein ›Nein‹ zu meinem Wunsch, Priester zu werden.«
Klopfenden Herzens nahm ich meine ersten Kontakte zu den Pallottinern auf. Das war im Herbst 1988. Kurz darauf erfolgte die Zusage des Provinzials, das heißt, die Aufnahme ins Noviziat, das Vorbereitungsjahr, das am 1. Oktober 1989 beginnen sollte.
Doch damit war der Kampf keineswegs zu Ende. Gott nahm meine Bitte an; das eigentliche Ringen auf dem Weg dieser Nachfolge begann erst jetzt.

Der Aufbruch

Die kommenden Monate waren ausgefüllt mit all den umständlichen und bürokratischen Vorbereitungen, die notwendig sind, um eine große Wohnung und Praxis aufzulösen und einen etablierten Platz in der Gesellschaft aufzugeben. Es war ein ständiges Einüben ins Sterben; am meisten machte mir der Gedanke zu schaffen, daß ich bald meine Eigenregie und meine Freiheit in bezug auf die Tagesgestaltung loslassen mußte. Demgegenüber fiel es mir erstaunlich leicht, materiellen Besitz zu verschenken und von liebgewordenen Gegenständen Abschied zu nehmen. Jetzt, wo es um die Kündigung aller möglicher und unmöglicher Absicherungen ging, erkannte ich erstmals, wie tief der Mensch im sozialen Netz verwickelt ist. Mit Schrecken mußte ich feststellen, daß mein Gottvertrauen im gleichen Maß gestiegen war wie meine beruflichen und privaten Versicherungen, die ich im Lauf von 17 Praxisjahren abgeschlossen hatte. Jetzt forderte Gott von mir ein radikales Loslassen um seinetwillen, eine vertrauensvolle Hingabe an seine Unverfügbarkeit.

Eine große Erleichterung waren mir in diesen Monaten die vielen Briefe und Besuche meiner Freunde und ehemaligen Patienten. Es hat sich rasch herumgesprochen, daß ich Trier verlassen wollte; einige Therapiesuchende gerieten fast in Panik, als sie von meinen Plänen hörten, und suchten noch rasch einen Gesprächstermin zu bekommen. Und ich spürte auch in mir selber, wie schwer es mir fiel, vielen ratsuchenden Menschen eine Absage erteilen zu müssen.

Meine Eltern, die mir nie etwas in den Weg legten, kämpften im stillen wohl auch mit dem Loslassen ihres Sohnes. Ausgerechnet an einem Tag, an dem diese »Trauerarbeit« besonders deutlich wurde, las ich in der abendlichen Meditation den bekannten Text von der Nachfolge: »Und jeder, der um meines Namens willen Häuser oder Brüder, Schwestern, Vater, Mutter, Kinder oder Äcker verlassen hat, wird dafür das Hundertfache erhalten und das ewige Leben gewinnen« (Mt 19,29).

Besonders schmerzlich war, daß inmitten dieser Aufbruchstimmung auf einmal Menschen auftauchten, die sich Hals über Kopf in mich verliebten beziehungsweise jetzt eine Art Torschlußpanik bekamen. Das war zwar nicht neu, aber in dieser Situation für beide Seiten belastend. Umgekehrt gab es auch böse, anonyme Angriffe, in denen mir unehrliche Motive zum Weggang von Trier unterstellt wurden. Dieses Jahr

der hart erkämpften Ent-Scheidung kostete mich acht Pfund meines Körpergewichts.
Ich wußte, daß sehr viele Menschen für mich beteten. Diese Gewißheit half mir über manche Hürde hinweg. All diese Beter sollen erfahren, wie Gott ihre Gebete erhört hat; das ist ein Ziel dieses Buches.
Der 1. Oktober 1989 rückte näher, der Beginn meines Noviziats in der Gemeinschaft der Pallottiner in Untermerzbach bei Bamberg. Doch zuvor stand noch eine Reise auf dem Plan.

Reise nach Kairo

Seit Jahren unterstütze ich ein soziales Projekt in Kairo, sorge für den monatlichen Unterhalt eines ägyptischen Jungen und bin an der Finanzierung einer geistlichen Kinder- und Jugendbücherei beteiligt. Der Projektleiter schrieb mir eines Tages, man habe die Absicht, die Bibliothek nach mir zu benennen, und erbat mein Einverständnis dazu.
Das war Grund genug für mich, rasch eine Stippvisite in Kairo zu machen, bevor ich ins Noviziat ging. Das wäre endlich einmal eine Gelegenheit, einen Abstecher zum Sinai zu machen; außerdem sollte ich im Auftrag eines Kollegen eine der »Müllschwestern« von Kairo, Schwester Maria Grabis, aufsuchen.
So trat ich die einwöchige Reise am Neujahrstag 1989 an und quartierte mich in einem Hotel am Stadtrand in der Nähe der Pyramiden ein. Diese spontane und stark improvisierte Reise stellte ich besonders unter den Schutz Gottes, zumal ich außer der Projektadresse keinerlei Anhaltspunkte hatte und vor Ort recherchieren mußte. Es sollte ein Unternehmen voll glücklicher Fügungen und »Zufälligkeiten« werden.
Auf der Suche nach dem Projektleiter Reverend Riskallah begab sich der Taxifahrer auf eine Irrfahrt durch die schlammi-

gen Randbezirke dieser größten, lautesten und schmutzigsten Hauptstadt Afrikas. Schließlich machte ich mich zu Fuß auf die Suche und fragte mich straßenweise durch. Ich war telefonisch angemeldet, ahnte jedoch nicht, wie schwierig es sein kann, in Kairo eine Adresse ausfindig zu machen.

Irgendwie bewegte ich mich im Kreis; keiner konnte mir weiterhelfen. Ich war gerade im Begriff, zurück zum Hotel zu fahren, als ein junger Mann auf mich zukam: »Sind Sie Dr. Müller?« fragte er in klarem Englisch und fuhr fort: »Ich bin der Sohn von Reverend Riskallah, ich freue mich, Sie zu sehen.« Und dann brachte er mich ins Haus, wo bereits mehrere Jugendliche warteten, darunter auch mein »Patenkind«. Ich erlebte eine ungemein herzliche Gastfreundschaft und wurde allen moslemischen und christlichen Geistlichen des Bezirks vorgestellt, die wir auf unserem Rundgang durch die Moscheen und Kirchen antrafen. Selten habe ich eine so unbefangene »ökumenische« Gesinnung zwischen Moslems und Christen vorgefunden wie dort.

Im Gespräch mit Reverend Riskallah erwähnte ich auch meine bisher vergeblichen Bemühungen, eine Fahrt zum Katharinenkloster auf dem Sinai zu organisieren; es war Hochsaison für Touristen und daher alles an touristischen Möglichkeiten ausgeschöpft.

Andertags machte ich mich auf die Suche nach der »Müllschwester«; ich fand nach umständlichen Recherchen heraus, daß sie in der Regel morgens gegen acht Uhr in einer bestimmten Kirche anzutreffen war. Also begab ich mich dorthin und stolperte geradewegs in einen orthodoxen Gottesdienst, der bis zum letzten Platz besucht war. Wie sollte ich hier jemals Schwester Grabis finden? So sprach ich kurzerhand eine ältere Dame an, die vor mir saß.

»Entschuldigen Sie bitte, ich suche Schwester Maria Grabis. Können Sie mir weiterhelfen?«

»Ja, das bin ich!« antwortete sie lachend.

Und wieder einmal spürte ich etwas vom Humor Gottes, der mich auf dieser Reise begleitete.

Drei Tage später – ich hatte die Hoffnung auf einen Sinaibesuch aufgegeben – läutete morgens um sechs Uhr das Telefon in meinem Hotelzimmer. »Guten Morgen, Herr Müller, hier ist Béchir, ein Freund von Reverend Riskallah. Wir haben ein Taxi gemietet und wollen mit Ihnen zum Katharinenkloster fahren. Kommen Sie bitte!«

Die Überraschung war perfekt. Ich dachte, es sei ein Traum: Da bemühten sich zwei junge Erwachsene um ein Taxi und waren bereit, mich tausend Kilometer zu chauffieren. Kaum zu glauben.

Es war ein eindrucksvoller Abstecher mit einem ebenso eindrucksvollen Gag, den sie sich in einem noch nicht eröffneten Ferienclub am Golf von Akaba leisteten. Wir drei waren die einzigen Gäste dort. Plötzlich ertönte aus den Lautsprechern nachmittags um drei Uhr »Stille Nacht, heilige Nacht«; Weihnachtsstimmung am Strand von Dahab.

Das Noviziat

Untermerzbach heißt der kleine Ort im Frankenland; dort sollte ich das geistliche Einführungsjahr zusammen mit 13 Mitbrüdern aus fünf Ländern verbringen. Ich mußte lange suchen, bis ich es auf einer Karte fand. In einem alten Schloß sind dort neben dem Noviziat auch die philosophische Hochschule und das Bildungshaus der Pallottiner untergebracht.

Der Umzug von Trier fiel mir nicht leicht; schon die Tatsache, daß ich eine 100 qm große Wohnung gegen einen 11 qm kleinen Raum eintauschen mußte, dämpfte ein wenig meine sonst spürbare Ungeduld. Was wird da alles auf mich zukommen? Wie wird es mir gelingen, nach 17 Jahren Einzelkampf in eine bunte 30köpfige Gemeinschaft hineinzuwachsen?

Erwartungsvolle Blicke empfingen mich am ersten Tag. Beim Eintritt in den Speisesaal spürte ich die prüfenden Augen meiner Mitbrüder. »Das ist er«, hörte ich einen jungen Spanier sagen. Ich war darauf vorbereitet, mit gewissen Rollenerwartungen und gemischten Empfindungen, die man Psychologen gegenüber hat, empfangen zu werden. Doch verflogen die Bedenken sehr bald; ich war nicht gewillt, eine Guru-Rolle einzunehmen, und so begannen die zwischenmenschlichen Beziehungen auch recht hoffnungsvoll.

Doch bald schon fing es an, in mir zu brodeln. Das Leben in der Gemeinschaft ließ mich zunehmend meine Schatten und Grenzen erkennen. Mit 47 Jahren hätte ich gut der Vater meiner Mitbrüder sein können; doch hütete ich mich davor, eine Rolle zu spielen, die mich herausgehoben hätte. Ich wollte weder Vaterfigur noch Gruppenpsychologe sein. Immer wieder brach in mir die lang geübte Eigenregie durch; Widerstände, Ängste und Absicherungsversuche wurden mir schmerzlich bewußt. Wochenlang lief ich mit einem trockenen Reizhusten durchs Haus. Ich fragte mich, wem ich eigentlich etwas husten wollte, und erkannte allmählich, daß mir gewisse Tagespunkte zuwider waren und meine Individualität erheblich beschnitten wurde. Ebenso war mir klar, daß mein Beruf für manche Mitbrüder Auslöser für Projektionen und Rollenerwartungen war, auch für Ängste vor einer Konfrontation mit dem Psychologen in mir. Sätze wie »du als Psychologe müßtest doch wissen...«, und »sag du doch mal was, dir kauft man das eher ab«, ließen ahnen, wie die Rollen verteilt wurden. Hin und wieder gelang es mir, meine Abwehrmechanismen mit witzigen Bemerkungen und erheiternden Gags zu maskieren. Kaum einer wußte, wie miserabel ich mich in Wahrheit fühlte und wie sehr ich mich nach meinen Freunden sehnte.

Unter den Mitbrüdern fiel mir einer auf, der verblüffende Ähnlichkeiten mit mir hatte, was die Fähigkeiten und Abwehrmechanismen betraf: Alexander Diensberg, ein Clown, musikalisch begabt. Er »verkaufte« ständig Gags und verbarg seine Gefühle hinter scherzhaften Bemerkungen, die nicht selten einen tiefen, manchmal schmerzlichen Ernst hatten. Wer ihn nur flüchtig kannte, bemerkte nichts von seiner spirituellen Tiefe; denn fromm wirken wollte er schon gar nicht. Dieser junge Mitbruder, der bezeichnenderweise am 1. April geboren wurde, sollte bald ein sehr guter Freund von mir werden.

Der Tagesablauf war in der Regel so dicht gestaltet, daß für persönliche Belange wenig Zeit blieb; anfangs kämpften wir alle gegen Müdigkeit, ein Phänomen, das schon Therese von Lisieux bei ihren Novizinnen beobachtete. Bei mir kam der Prozeß des Loslassens hinzu, der mir schwere Nächte bereitete. An einem Tag, an dem es mir besonders schwerfiel, las ich zufällig den Kalenderspruch vom Tag. Dort stand ein Zitat des hl. Pfarrers von Ars: »Was macht das Ordensleben so verdienstvoll? Es ist der andauernde Verzicht auf den eigenen Willen, jenes beständige Absterben dessen, was in uns am stärksten lebt.« Das war am 17. Januar 1990.

Ich glaube, daß die Müdigkeit nicht so sehr die Folge gehäufter Termine ist als vielmehr die Folge der ständigen Bemühung, seinen Idealen gerecht zu werden. Dies geschieht natürlich unbewußt und ist von immenser Tragweite. Wo immer gefährliche Fragen an unsere eigenen begrenzten Lebensmöglichkeiten umgangen werden, wo immer ein unbewußtes Vollkommenheitsstreben gelebt wird, geht viel Energie verloren. Das macht müde, gereizt, empfindlich. Das erklärt auch, weshalb gerade die »Frommen«, also jene, die sich paradoxerweise um Demut »bemühen«, oft so depressiv sind, schlecht schlafen, psychosomatische Probleme haben. Anpassung an die Gemeinschaft, Unterordnung und Gehorsam sind Tugenden, die einer narzißtisch orientierten Seele entgegenkommen; das braucht sie, um sich das Gefühl von Sicherheit zu geben. Mit Demut hat es nichts zu tun. Und weil ein solches Ideal den wirklichen Bedürfnissen allzuoft im Wege steht, muß es zu unterbewußten Protesten kommen. So kam es auch zu gruppendynamischen Prozessen, die unsere Novizenmeister glücklicherweise gestatteten.

Allmählich erkannte ich, daß das Noviziat nicht dazu da ist, ein friedliches und behütetes Dasein zu vermitteln oder eine tiefere Gottesbeziehung zu schenken, sondern es ist da, um das eigene Ich mitsamt seinen verwundbaren Stellen zu entdecken. Die naive Vorstellung, eine klösterliche Gemeinschaft müsse stets für Frieden und spirituelle Höhepunkte sorgen, gerät früher oder später bei allen Novizen, Mönchen und Patres in eine fundamentale Krise, sofern sie sich für die notwendige Selbstentäußerung sensibilisieren lassen. Plötzlich merkt man, daß Anspruch und Wirklichkeit, private Sehnsüchte und erlebte Gemeinschaft zu Spannungen führen. Der Kontemplative verspürt die Härte und Hektik der Gemeinschaft in schmerzlicher Weise; der Extrovertierte leidet oft unter der Stille und dem Aushaltenmüssen aufkommender seelischer Regungen.

Jeder, der sich aufgemacht hat, Gott zu suchen, findet sich plötzlich selber mit seiner ganzen Blöße und Armut. Am Ende fragt er sich, ob er am rechten Platz ist und was das Ganze für einen Sinn haben könnte. An diesem Nullpunkt angelangt, erkannte ich auf einmal, daß ich auf bestimmte Gewohnheiten verzichten mußte, auch auf den Wunsch, »jemand zu sein«.

Es verwunderte mich nicht, daß viele von uns äußerst erfinderisch waren in bezug auf Aktivitäten, Aktionen und Ausflüchte aller Art, mit dem Ziel, Frustrationsgefühle zu kompensieren.

Der Ernst des Lebens hatte in Wirklichkeit jetzt erst begonnen. Zum Glück fand ich im Novizenmeister P. Lauinger einen verständnisvollen Mitbruder und auch Freunde, mit denen ich offen über alles sprechen konnte. Es war nicht leicht, die Vergangenheit abzulegen und mich auf Neues einzulassen, weil immer wieder Patienten anriefen, ratsuchende Menschen ein Gespräch erbaten, Zeitschriften um eine Publikation ansuchten und wiederholt der Rundfunk um ein Interview fragte. Mit einem Mal stellte ich fest, wie schwer es mir fiel, abzusagen und auf unbestimmte Zeit vertrösten zu müssen. Auf meinem Schreibtisch häuften sich die Anfragen für Vorträge und Seminare; hier untätig sein zu müssen, belastete mich mehr, als ich anfangs mir selber eingestehen wollte.

Täglich bot ich Gott mein Leben an, empfahl ihm all die Menschen, die mir am Herzen lagen, bat ihn um die Gabe der Geduld. Die bevorstehenden 30tägigen Schweige-Exerzitien kamen mir gerade recht.

Dreißig Tage Schweigen

Der März 1990 verlief in der Stille des bayerischen Waldes in Hofstetten, wo wir Pallottiner ein Bildungs- und Erholungshaus haben. Wir waren neun Novizen, die unter jesuitischer Leitung die ignatianischen Exerzitien machen sollten, schweigend. Jeder für sich. Gleich am ersten Tag begann ich damit, über den Verlauf dieser vier Wochen Tagebuch zu führen. Ich möchte diese Notizen unverändert hier bringen, weil sie am besten die Stimmung beschreiben, die mich während dieser Zeit begleitete.

Erste Woche
Ich habe Schwierigkeiten, vier Stunden täglich zu meditieren, kämpfe gegen gedankliche Zerstreuungen und Ermüdung an. Spüre geistliche Trockenheit und zwinge mich, die vorgegebenen Zeiten durchzustehen oder besser: durchzuknien.

Meine Gedanken beim Psalm 139 gehen plötzlich zu meinem Mitbruder Alexander, dessen Freundschaft ich gewonnen habe und von dessen Offenheit ich lernen kann. Ich werfe mir vor, manchen nach Zuwendung und Liebe suchenden Blick meiner Mitbrüder übersehen zu haben aus Angst, vereinnahmt zu werden.

Im Gespräch mit dem Exerzitienleiter Pater Parg wird deutlich, wie rational ich an das Wort Gottes herangehe. Verletzungen aus der Schulzeit werden bewußt; die Angriffe mancher Lehrer haben größere Wunden geschlagen, als ich je geahnt habe. Ich spreche ein Gebet für sie.

Das Schweigen wird von den meisten nicht konsequent durchgehalten; auch ich tausche immer wieder mit den anderen Worte aus, besonders mit Alex, der mir ans Herz gewachsen ist. Jeden Abend lasse ich ihm ein humorvolles Gedicht mit Zeichnungen zukommen, ein Verhalten, das die »Einzelhaft« erträglicher macht.

Das Gefühl, in der Spiritualität nicht zu wachsen, irritiert mich. Ein Mitbruder überlegt sich, ob er die Exerzitien abbrechen soll; er tut sich ungeheuer schwer mit dem »Nichtstun«. Ich fange an, Gebete und Gedichte zu schreiben.

Bete meditierend den Kreuzweg und denke an die suchenden jungen Menschen, an die Leidtragenden, die niemanden haben, der sie tröstet, an meine ehemaligen Patienten... Mein eigenes Kreuz erkenne ich in dem Gefühl der Einsamkeit, das mich häufig überfällt, auch in der Ungeduld, die im Noviziat stärker wurde. – Am Abend Gespräch mit Alex. Ich erkenne in ihm eine ungewöhnlich tiefe Spiritualität und Bereitschaft zum Träumen. Wir müssen beide aufpassen, mit unseren Gaben die Mitbrüder nicht zu überfahren. Wir planen, ein Buch herauszugeben mit Gebeten, Gedichten, Geschichten und Liedern zum Thema: Glaube und Humor. Er ist ein genialer Musiker und Textschreiber. (Inzwischen sind Buch und Liedkassette erschienen: Jörg Müller / Alexander Diensberg,

»Verrückt – Ein Christ hat Humor«. MC und CD: »Verrückt – Lieder wider Lustverlust«. J. F. Steinkopf Verlag, Stuttgart 1991.)

Zweite Woche
Die Zeit vergeht zu langsam. An die vierstündigen Meditationen habe ich mich gewöhnt. Manchmal kommen mir die Tränen, wenn ich über meine Grenzen nachdenke. Ich denke, es ist einfacher, mit einem Schlag sein Leben Gott hinzugeben, als sein Leben lang ihm treu zu bleiben.
Verspüre seit heute morgen einen tiefen Frieden und eine Heiterkeit, die trotz einer schlaflosen Vollmondnacht ungetrübt ist.
Meditiere über die Führung Gottes in meinem Leben und stelle fest, wie reich beschenkt ich bin; die Frage bleibt offen, was ich bisher mit all diesen Gaben angefangen habe.
Ein Einschreibebrief erreicht mich: Eine Frau aus Ljubljana wünscht eine Therapie. Ich sage ab und vertröste sie auf das nächste Jahr, obgleich ich nicht weiß, wo ich dann was tun werde. Diese Ungewißheit nagt ständig in mir. Ich bitte Gott um die Kraft, loslassen zu können.
Bei der Reflexion über meine Motive, Priester zu werden, werden mir zwei Gedanken bewußt: Von Gott berufen und von der Gemeinschaft ausgesandt zu sein, um Zeugnis zu geben in einer Welt, die dringend eine Umkehr braucht. Ich bin der Meinung, der Priester der Zukunft kann nur ein Teamworker sein, kein »Einzelhändler«; Laien und Priester, Frauen und Männer müssen künftig in einer geistlichen Wohngemeinschaft beisammen sein, um von dort aus ihre Seelsorge im Team zu betreiben; alles andere ist ineffektiv. Daß ein Pfarrer allein in einem großen Pfarrhaus wohnt, ärgert mich. So etwas darf es nicht mehr lange geben.

Dritte Woche
Heute war ein freier Tag. Wir fuhren nach Regensburg und machten einen Stadtbummel. Alex und ich suchten ein China-Restaurant auf; anschließend kauften wir uns beide einen Kimono; uns war danach zumute, etwas Verrücktes zu tun. Irgendeiner sagte, wenn wir beide auf der Bildfläche erschienen, gehe der Vorhang auf. Da mag was dran sein.
»Dank« ist das Thema meiner Meditation. Ich danke Gott für den Weg zu den Pallottinern. Die Gesellschaft vom Katholischen Apostolat widmet sich ganz im Sinn ihres Gründers Vinzenz Pallotti der Evangelisierung, Erziehung, Bildung, Randschichtenseelsorge, Zirkus-, Flughafen-, Behindertenseelsorge, Einbeziehung der Laien. Es ist Mut zum Wagnis zu spüren, Mut zu neuen Wegen.
Lese gerade Johannes 13: die Fußwaschung. Eine erschreckende Erkenntnis überfällt mich: Ich habe bisher zu wenig die Füße anderer gewaschen, eher ihren Kopf. Es wird Zeit, in die Knie zu gehen.
Meditation über das Leiden Jesu. Der Hohe Rat, besser wohl Un-Rat genannt, dünkt sich erhaben. Ich frage mich, wo mein Platz in dieser Passion ist; finde mich einmal als Simon von Zyrene wieder, der unfreiwillig zum Lastenträger anderer wird, ein andermal als Petrus, der jämmerlich versagt; dann wieder als Scherge, der Schmerzen zufügt.
Die dritte Woche geht zu Ende. Ich fühle mich gelöst und frei. Draußen bestimmt das sonnige Frühlingswetter die Stimmung; nebenan höre ich Alex lachen; er liest gerade ein Gedicht von mir. Bin froh, daß er die geistlichen Übungen nicht so verbissen macht wie zwei Mitbrüder von uns. Manche durchaus gute Christen zeigen so wenig erlöste Spiritualität.
Markus 16. Jesus erteilt seinen Jüngern den Auftrag, Kranke zu heilen. Ich frage mich, weshalb sich heute so wenige Priester der Heilungsgabe bewußt sind und warum wir diesen Auftrag vernachlässigt haben. Sollten wir nicht verstärkt um

die Gabe der Heilung, Tröstung, Lehre beten? Ich glaube daran, daß dieser Auftrag auch heute noch seine Gültigkeit hat und daß Gott uns seine Gaben schenken will; doch Angst und Verkopftheit stehen im Weg.

Vierte Woche
Ein Mitbruder sucht mich auf. Wir haben ein langes Gespräch. Er klagt über Einsamkeit und das Fehlen von Freunden. Am Abend stecke ich ihm ein eigens für ihn angefertigtes Gedicht an seine Tür.
Das Warten auf das Ende der Exerzitien macht mir ein langes Meditieren fast unmöglich; meine Gedanken gehen auf Wanderschaft. Ich gehe raus und tanke die warmen Sonnenstrahlen.
Etwas bange muß ich an die vielen Briefe denken, die sich in den vier Wochen angesammelt haben. Die nächste Zeit wird wieder angefüllt sein mit Schreiben, Telefonieren und der Lektüre neuerstandener Bücher.
Ich ziehe Bilanz. Neben manchen bitteren Erkenntnissen spüre ich Dankbarkeit und Zuversicht, Freude auch über die Früchte der Meditation: Klarheit in der Berufung, Ermutigung, diesen Weg weiterzugehen, und die Gewißheit, geliebt zu sein. Ich erkenne, wieviel ich meinen Eltern verdanke, die mir durch ihre angstfreie und tolerante Erziehung einen Gott der Barmherzigkeit vermittelt haben.

Einüben ins Sterben

Die Nachwehen der Exerzitien waren sehr schmerzhaft. Es folgten die für mich schwersten Monate meines Lebens, in denen all die früher zugefügten Wunden neuerlich aufbrachen und ein fürchterliches Chaos in mir verursachten. Plötzlich wurde mir bewußt, wie sehr ich mit meiner Vergangen-

heit verbunden war, welche Ängste ich vor der Zukunft hatte und wie wenig ich demzufolge in der Gegenwart lebte.
Die erlebte Enge des Noviziats, aber auch die Engstirnigkeit einiger weniger Mitbrüder setzten mir so zu, daß ich wochenlang nachts nach Luft rang, weil sich eine hartnäckige Bronchitis einstellte. Pater Lauinger und sein nachfolgender Novizenmeister P. Kretz sahen den gruppendynamischen Geschehnissen mit Gelassenheit und Verständnis zu, während einige meiner Mitbrüder im Noviziat damit weniger gut zurechtkamen und ihre eigenen Probleme auf mich projizierten. Gewiß, ich war in diesen Tagen gereizt, übte in der mir eigenen Unverblümtheit und Direktheit heftige Kritik an diesem und jenem und flüchtete mich in das wiederbelebte Hobby der Zauberkunst.
Doch konnte ich eines für mich in Anspruch nehmen, was die anderen noch nicht oder kaum kannten: Es war die Erfahrung einer hart erkämpften Existenz als eigenständiger Therapeut, ein zäher Kampf mit Behörden sowie der dafür zu zahlende Preis der »déformation professionnelle«, des berufsbedingten Abweichens von der Norm, das jedem Einzelkämpfer nach so vielen Jahren gelebter Individualität eigen ist.
Ich mußte nun lernen, loszulassen, gewissermaßen zu sterben. Schlechter Schlaf, abendlicher Heißhunger und erhöhte Empfindlichkeit gegenüber den Reaktionen meiner Mitbrüder stellten sich ein. Der dichte Tagesablauf erlaubte es nicht, lang und intensiv an einer Sache zu arbeiten, so daß die ständigen Unterbrechungen durch vorgegebene Tagesordnungspunkte (Gebet, Betrachtung, Essen, Unterricht...) zu einer gewissen hektischen Stimmung führten. Wir fragten uns alle, ob dies nun an uns selber lag oder ob nicht tatsächlich der Plan geändert werden müsse. Ein eindeutiges Ergebnis wurde jedoch nicht gefunden.
Was meinen Mitbrüdern wohl am schwersten zusetzte, war

ihre Ohnmacht, mich in eine Schublade einzuordnen. Ich ließ mich nicht in eine bestimmte Rolle pressen, entsprach nicht ihren Vorstellungen, entglitt ständig ihren Zugriffen. Das löste bei einigen Wut und Ent-Täuschung aus.

In dieser Phase meines Abschiednehmens von liebgewordenen Plänen, von Eigenregie und zurechtgeschmiedeten Vorstellungen schien mir auch das Gebet nicht weiterzuhelfen; die Erfahrung der geistlichen Trockenheit sowie das Gefühl, daß sich nichts, aber auch gar nichts weiterbewegte, setzten dem Ganzen noch eine drückende Krone auf. Ich nahm Zuflucht bei meinen Freunden Alex und Dietmar, vertiefte mich in Heribert Mühlens soeben erschienenes Buch »Neu mit Gott« und fand so einigermaßen mein Gleichgewicht wieder. Daß die meisten meiner Mitbrüder keinerlei Probleme zu haben schienen, erstaunte mich nicht; sie kamen gerade von der Schule, waren eher angepaßt, manche auch ängstlich darauf bedacht, nicht aufzufallen, und hatten noch keine konkreten Lebensentwürfe, die es zu verteidigen beziehungsweise loszulassen galt.

Dennoch: Ich mußte loslassen lernen. Aus eigener Kraft ging das nicht. Ich bat Gott um Heilung der negativen Erinnerungen, um die Kraft, innerlich frei zu werden von all den Bindungen, die mich unfähig machten, die Zuwendung Gottes wie ein Kind als Geschenk anzunehmen. Mir war klar, daß ich auch die Vergebung leben mußte: Vergebung der mir zugefügten Wunden, aber auch Vergebung mir selbst gegenüber, indem ich alles Mißtrauen und alle lieblosen Reaktionen gegen meine Mitmenschen vor Gott brachte. Wie sonst sollte ich ein glaubwürdiger Zeuge seines Evangeliums sein?

Gegen Ende meines Noviziats, das als geistliches Einführungsjahr zu verstehen ist, fühlte ich mich freier und gelöster. Beim Aufräumen und Ordnen meiner Tagebuchnotizen entdeckte ich einen Zettel vom Tag meines Noviziatsbeginns: »Als du jung warst, hast du deinen Gürtel selbst umgebunden

und bist gegangen, wohin du wolltest; wenn du einmal alt bist, wirst du deine Hände ausstrecken, und ein anderer wird dich binden und dorthin führen, wohin du nicht willst!« (Joh 21,18)
Die Nachfolge Jesu führt streckenweise durch sehr einsames und wüstes Land.

Arm, ehelos und gehorsam

Der schöne Urlaub in Paris und Spanien mit Alex und Dirk lag noch in heiterer Erinnerung, als es galt, den Tag der feierlichen Einkleidung und Profeß vorzubereiten. Wir hatten alle Lampenfieber, erwarteten wir doch nahezu 200 Gäste in Untermerzbach; mehr noch: Es kam der Augenblick, in dem wir im Habit, dem Kleid unserer Gemeinschaft, vor unseren Oberen standen und das Versprechen ablegten, künftig in Armut, Ehelosigkeit, Gehorsam, Gütergemeinschaft, Beharrlichkeit und selbstlosem Einsatz zu leben. Wir legten dieses Versprechen für die Dauer eines Jahres ab, um es dann noch zweimal zu wiederholen, ehe wir endgültig in die Gemeinschaft vom Katholischen Apostolat aufgenommen werden.
Oft werde ich gefragt, wie es möglich ist, auf Ehe, Reichtum und Karriere zu verzichten in einer Welt, in der Sex, Geld und Ansehen eine so große Rolle spielen. Mitunter wittere ich hinter dieser Frage eine heimliche Bewunderung für die, die sich diesem weltlichen Denken zu entziehen versuchen. Ich glaube, ohne Gebet und brüderliche Zurechtweisung geht es nicht. Was die Armut betrifft, so ist sie nicht so sehr Tugend, als vielmehr eine von Jesus zugemutete Forderung, die den apostolischen Dienst freihalten soll von Besitzhäufung und -absicherung. Was zum Leben und zur Verkündigung notwendig ist, steht zur Verfügung. Hier wird Armut nicht mit Ärmlichkeit verwechselt. So fahre ich beispielsweise einen

Mittelklassewagen, der mir Raum genug bietet für meine langen Beine, und der bequem genug ist, lange Fahrten schadlos zu überstehen. Es gibt Fahrzeuge, aus denen ich nach zwei Stunden Fahrt wie ein geknickter Embryo aussteige. Ich denke: demonstrierte Primitivität hat weder Zeugniskraft noch Überzeugungskraft.

Natürlich gebe ich das, was ich durch Therapien, Vorträge, Publikationen verdiene, meiner Gemeinschaft. Und selbstverständlich kann jeder Mitbruder, jede Mitschwester den Wagen benutzen. Das ist die versprochene Gütergemeinschaft.

Das Versprechen zur Ehelosigkeit stellt sich für viele Menschen wesentlich problematischer dar. Es ist von Jesus nicht zur Bedingung für die Nachfolge gemacht worden. Während ich den Zölibat für die Ordensleute für unabdingbar halte, plädiere ich bei den Weltpriestern für eine Freistellung. Der Grund zur Ehelosigkeit darf nicht hauptsächlich in der Ungebundenheit und größeren Verfügbarkeit für Gott und die Menschen gesehen werden, sondern in der gelebten Solidarität mit den Einsamen, Verlassenen und Ungeliebten. Es sind die Zukurzgekommenen, die Jesus immer im Auge hatte und die auch mich persönlich herausfordern. Deshalb, und weil ich in meiner pallottinischen Gemeinschaft diesen Verzicht gut kompensieren kann, bin ich imstande, den Zölibat zu leben. Natürlich gibt es immer wieder sexuelle Phantasien und Wünsche; die nehme ich ganz nüchtern hin. Wer hingegen die Ehelosigkeit als aufgezwungene Verpflichtung empfindet, wird rasch in einem Dilemma enden und sich in endlosen sexuellen Abwehrmechanismen quälen.

Was den Gehorsam betrifft, so muß einmal gesagt werden, daß heute kein Oberer mit seinen Leuten umgeht wie ein Großinquisitor. Man darf sich das nicht so vorstellen, daß der arme Ordensmann jedweder Anordnung von oben blind zu folgen hätte, ohne Recht auf Einspruch und Gehör. Heute

bestimmen die Regeln der Demokratie und mitbrüderlichen Dialogführung auch den Umgang in geistlichen Gemeinschaften. Gewiß kann es vorkommen, daß einer den steinigen Weg des bitteren Verzichts gehen muß, wenn es das Wohl der Gemeinschaft erfordert. Frustrationen können und müssen im Namen Jesu auch einmal hingenommen werden.
Ich erinnere mich an ein Gespräch mit meinem Freund Alex. Als ihm sein Wunsch, für ein Jahr als Pallottiner nach Indien gehen zu dürfen, nicht gewährt wurde, fragte ich ihn, ob er jetzt, vor seiner Profeß, auf eigene Faust losziehen wolle. »Nein«, antwortete er, »ich werde den Wunsch zurückstellen und erst einmal zur Hochschule gehen.« Diese Antwort hat mich sehr beeindruckt, zumal ich wußte, daß er ein sehr freiheitsliebender und eigenwilliger Mensch ist.
Gewiß gibt es hie und da immer noch fragwürdige Formen des Gehorsams oder auch fehlende Dialogbereitschaft bei Vorgesetzten. Dies fällt mir manchmal auf, wenn ich Ordensleute in meinen therapeutischen Sitzungen habe. Da gibt es gelegentlich noch die überforderten Vorgesetzten, die sich schwer tun, auf Wünsche und Nöte ihrer Untergebenen einzugehen, gewissermaßen hinzuhorchen und dann zu gehorchen und im partnerschaftlichen Gespräch eine gemeinsame Lösung zu suchen. Es gibt sie noch: die absolutistisch Regierenden, die im Namen einer falsch verstandenen Demut und Selbstverleugnung so manche gute Seele leiden lassen. Gehorsam hat nichts zu tun mit blinder Ergebenheit oder infantiler Regression. Der Gründer unserer Gemeinschaft Vinzenz Pallotti hat vor 160 Jahren schon erkannt: »Bevor die Oberen eine Entscheidung fällen, sollen sie daher in Formen, die sie für angebracht halten, die einzelnen in die Planungen einbeziehen und zusammen mit ihnen überlegen, was am meisten ihrem Wohl und dem der Gemeinschaft dient.«
Meine schulischen Unterdrücker haben mich sensibel gemacht im Hinblick auf Hören und Gehorchen. Nichts kann

mich zorniger machen, als zu beobachten, wie Mitmenschen legitime Bedürfnisse und Gefühle unterdrücken aus Angst vor den Reaktionen eines Mitmenschen. Dann bin ich imstande, den angstmachenden Mitbruder oder Vorgesetzten zur Rede zu stellen und in einem deutlichen, aber fairen Gespräch »zur Sache zu kommen«, wie es Jesus selber in Lk 17,3 empfiehlt. Ein ständiges Reden von Verzicht, Kreuz, Opfer, Unterwerfung und Askese dünnt den Gehorsam aus und wirft die Attraktivität einer geistlichen Gemeinschaft über Bord. Eine so strapazierte Verpflichtung zum Gehorsam leistet allenfalls religiösen Masochisten und machtbesessenen Sadisten Vorschub.

Ich bin froh, den Weg zu den Pallottinern gefunden zu haben. Und ich bete täglich zu Gott, daß meine jungen Mitbrüder im Noviziat und im Studium durchhalten und ihrer Berufung treu bleiben.

Erster Einsatz

Einige Monate vor der ersten Profeß fragte mich mein Provinzial, ob ich mir schon Gedanken gemacht hätte über die Art und Weise meines künftigen Einsatzes. Ich teilte ihm meine Wünsche mit und meinte, er könne mich überall hinsetzen, nur nicht in unser Haus nach München-Freising. Das Haus sei mir zu erdrückend, zu groß, zu festungsmäßig. Er notierte sich meine Wünsche, wies aber drauf hin, daß er nichts versprechen könne.

Während der Ferien erreichte mich dann die Nachricht, daß auf Grund vieler Umbaumaßnahmen, die in unseren Häusern gerade durchgeführt wurden, nur Freising als Einsatzort in Frage komme, da hier noch die erforderliche Ruhe zum Arbeiten gegeben sei. Ich war nicht gerade hocherfreut über diese Botschaft, verschmerzte sie aber rasch; München war nahe, wo meine Schwester und viele gute Bekannte aus meinen Salzburger Studienzeiten wohnten, und außerdem: Freising entpuppte sich als ein Ort von geographischer Schönheit. Das Haus selber, als Festung gebaut, mußte erst einmal erobert werden; es schien ein Labyrinth voller Überraschungen zu sein, eine Fundgrube für Altwarenhändler, Möbelrestauratoren, Hobbybastler und Puppenspieler! Hier waren früher Jugendliche untergebracht, die das Gymnasium besuchten; jetzt ging es einer neuen Verwendung entgegen als Bildungs- und Exerzitienhaus, wobei meine Aufgabe unter anderem in der Betreuung von Menschen bestand, die aus allen Teilen des In- und Auslands kamen und eine christliche Psychotherapie suchten. Außerdem stapelten sich auf meinem Schreibtisch die Anfragen nach pastoralpsychologischen Vorträgen und geistlichen Seminaren, so daß ich mich genötigt sah, meinen Terminkalender streng einzuteilen. Ich sah in diesen weitgesteckten Aufgaben den Willen Gottes und freute mich darüber, durch persönliche Kontakte, Gespräche, Vorträge, auch im Rundfunk, von der heilenden Liebe Gottes Zeugnis geben zu dürfen. Ich glaube, daß der Apostel Paulus und auch unser Gründer Vinzenz Pallotti alle technischen Möglichkeiten ausgeschöpft hätten, um die Frohe Botschaft zu verkünden. Mir lag auch sehr daran, die Gemeinschaft der Pallottiner bekannt zu machen, von der ich selber noch ein Jahr vor meinem Eintritt nichts gehört hatte.

Neben der täglichen Konfrontation mit dem Leid angsterfüllter, depressiver, gottsuchender, manchmal in Okkultismus verstrickter Menschen erfahre ich auch die Freude in den Heilungen, die Gott den Kranken schenkt. Nicht immer tritt Heilung augenscheinlich ein; für gewöhnlich geht sie schleichend, beginnt erst als innere Heilung, die in Versöhnung und Selbstannahme, im Loslassen und in der Umkehr besteht. Ich erlebe auch, wie Menschen manchmal unmittelbar nach dem Empfang des Versöhnungssakramentes (Beichte) geheilt wer-

den. Um so mehr schmerzt es mich, wenn Patienten mit unterschiedlichen Erkrankungen trotz jahrelangen Gebetes keine Heilung erfahren. Nicht selten verwandelt sich dann meine Fürbitte in eine Fürklage vor Gott.
Als nach den ersten acht Wochen mein Terminkalender fast erstickte, wurde mir klar, daß mein Gebetsleben einer dringenden Intensivierung bedurfte. Während dieser Überlegungen fiel mir das Buch von Briege McKenna in die Hand: »Wunder geschehen wirklich«. Da wurde mir mit einem Schlag klar: Jörg, du hast so viel zu tun, daß du erst einmal eine Stunde beten mußt! Da mein Arbeitszimmer in der Nähe der Hauskapelle lag, nahm ich mir vor, täglich eine Gebetsstunde dort zu verbringen. »Herr«, sagte ich, »du sollst an erster Stelle sein. Ich will dir mehr Zeit schenken, stellvertretend für die vielen, die es nicht können oder nicht wollen. Ich suche dich, um dir Dank zu sagen, um dich anzubeten und um dir alle Menschen zu bringen, denen ich mein Gebet versprochen habe.«
Seit diesem Tag, dem 4. November 1990, habe ich bis auf wenige Ausnahmen die Zeit der Anbetung eingehalten, etwas, das ich früher nur schwer durchstand. Und Gott freut sich, wenn ich komme, und ich freue mich, daß er mich trotz meiner Unzulänglichkeiten und Schwächen gebrauchen will.

Ein gewöhnlicher Tag

Es geht dem Wochenende zu; Pater Hofmann und Pater Dörflinger treffen letzte Vorbereitungen für ein Jugendseminar, zu dem 48 Teilnehmer angemeldet sind. Im Gottesdienst heute morgen entdecke ich neue Gesichter: Gäste eines anderen Kurses, dazwischen Patienten von mir, die am Vorabend spät eingetroffen sind.
Es ist halb neun; ich sitze am Schreibtisch und widme mich

der Post. Ein Psychologiestudent fragt an, ob er im Lauf des Jahres sein sechswöchiges Pflichtpraktikum bei mir absolvieren kann. Er möchte gern Einblick bekommen in eine christlich orientierte Psychotherapie. Ich mache einen Vermerk im Brief und nehme mir vor, eine persönliche Rücksprache mit ihm zu erbitten. Dann lese ich die leidvolle Biographie einer älteren Dame, die um einen Gesprächstermin bittet. Dazwischen eine Menge Werbung, die ich ungeöffnet in den Papierkorb werfe; zuletzt die Bitte eines Schuldirektors in München, vor den Schülern der Oberstufe über Gotteserfahrungen im Alltag zu sprechen. Eine interessante, aber auch schwere Aufgabe, denke ich.
Das Telefon läutet. Eine Geistheilerin aus Wien meldet sich: »Ich fühle mich seit langer Zeit nicht gut; der Herr hat mir vor Jahren sozusagen über Nacht die Gabe der Heilung geschenkt, und ich bin auch froh darüber; aber irgend etwas belastet mich.«
»Sie sagen, Sie seien Geistheilerin. Welchen Geist meinen Sie?« frage ich nach.
»Ich denke, es ist der Geist Gottes. – Ich bin katholisch, bete und gehe manchmal in die Kirche. Trotzdem... Mit den Geistheilern habe ich sonst nichts zu tun; die meisten sind eh' a bisserl komisch, esoterisch.«
»Gibt es denn okkulte, spiritistische Hintergründe in Ihrem Leben?«
»Nein, mit so was habe ich nie zu tun gehabt. Manchmal meine ich, daß ich ein Karma abzutragen habe, Schuld aus einem früheren Leben.«
»Sie glauben wirklich an die Reinkarnation? Das läßt sich aber mit der Bibel und mit der Erlösungstat Jesu nicht vereinbaren.«
»Ich weiß. Aber trotzdem...«
Im weiteren Gesprächsverlauf kommen Dinge zutage, die mich erschauern lassen. Wir vereinbaren einen Termin. Wie-

der diese Vermischung von christlichem und heidnischem Gedankengut, denke ich, und mein Blick fällt auf ein Buch, das vor mir liegt: »Tod eines Guru.«
Inzwischen ist es zehn Uhr geworden. Ich mache mich an die Vorbereitungen zu einem Vortrag über »Glaubenskrise und Kirchenentfremdung«, der im Österreichischen Rundfunk in Dornbirn ausgestrahlt werden soll. »Müller«, murmele ich halblaut vor mich hin, »sieh zu, daß du ausgewogen bleibst und auf alle möglichen Kritiker vorbereitet bist.« Dabei ahne ich dumpf, daß ich diesem hohen Anspruch kaum gerecht werden kann.
Das Telefon läutet. Die Oberin eines bayerischen Klosters plant einen Besinnungstag für alle Schwestern.
»Wir spüren immer schmerzlicher, daß wir mehr psychologische Kenntnisse brauchen für den Umgang sowohl mit anderen als auch mit uns selbst. Eine Mitschwester gab mir einen Prospekt von Ihnen; da sind einige Themen genannt, die mir wichtig erscheinen.«
»Sie denken wahrscheinlich an Themen wie ›faires Streiten‹ oder ›Umgang mit Gefühlen‹ oder »Heilende Kommunikation‹?«
»Ja ja, genau. Würden Sie auch einmal vor Oberinnen sprechen? Das wäre gerade für sie so wichtig. Wissen Sie, wir sind ja alle in diesem Punkt verletzt und für jede Hilfe dankbar.«
Ich sagte zu, nicht zuletzt deshalb, weil ich in dieser Anfrage einen gottgewollten Auftrag sah. Es gibt nicht viele christliche Psychologen, die sich in den Ordensstrukturen etwas auskennen und daher auf die besonderen Situationen eines klösterlichen Lebens eingehen können. Und weil ich oft genug mit Ordensleuten zu tun habe, die mit ihren Frustrationen nicht zurechtkommen, ist mir sehr daran gelegen, hier Hilfestellungen anzubieten.
Es ist kurz nach elf. Ich entschließe mich, eine besinnliche

Pause einzulegen, und gehe zum Gebet in die Kapelle. Es dauert lange, bis ich meine Gedanken einigermaßen gesammelt habe. Immer wieder gehen sie mir durch den Kopf: die Geistheilerin, der Student, die alte Dame, die Nonne, die Gäste, die heute nachmittag in die Therapiesitzungen kommen, meine Freunde... Ich setze mich auf den Meditationsschemel und nehme mir vor, einfach dazusein.

Kurz vor dem Mittagessen findet sich die Hausgemeinschaft in der Kapelle zum pallottinischen Tagesgebet ein. Es ist der Moment, in dem alle Pallottiner in allen Häusern zur gleichen Zeit das gleiche Gebet sprechen.

Am Nachmittag folgen die therapeutischen Sitzungen. Es ist 14 Uhr. Mir gegenüber sitzt eine ältere Dame. Es ist heute die dritte Stunde; ich beobachte sie seit einigen Tagen und bemerke ein starkes Kopfschaukeln immer dann, wenn sich das Thema um ihre praktischen Glaubensvollzüge dreht: Das sogenannte Nein-Sager-Syndrom läßt ihren Kopf hin und her schlagen. Bislang konnten die Neurologen nichts finden. Ich entschließe mich kurzerhand zu einem Gebet und lasse sie aus einem Stapel aufgefächerter Bibelzitate eine Karte wählen. »Der Geist des Herrn nehme von dir Besitz«, heißt es da. Wir sind beide betroffen. Frau K. weint und sagt plötzlich: »Ich habe das Bedürfnis zu beichten, zugleich fürchte ich mich davor.«

»Ich schlage Ihnen vor, jetzt gleich zu beichten. Wenn Sie einverstanden sind, rufe ich einen Pater.«

»Ja, bitte. Ich weiß aber nicht, wie ich anfangen soll. Es ist soviel zu sagen.«

»Der Priester wird Ihnen dabei helfen. Das geht dann leichter, als Sie jetzt annehmen.«

Ich rufe Pater Hofmann, der sich Zeit nimmt für ein einstündiges Beichtgespräch.

Als ich anschließend wieder in das Sprechzimmer trete, finde ich eine völlig veränderte Frau vor: Lächelnd, mit Freudentränen in ihren Augen, teilt sie mir ihre Freude und Dankbarkeit mit. Das Kopfzittern hatte aufgehört. Zwei Tage später reiste sie symptomfrei ab. (Nach zwei Wochen erlitt sie zu Hause einen Rückfall. Ich fühlte mich hilflos, war zutiefst enttäuscht.)

Um 16 Uhr kommt ein junger Mann, der unter schweren Verdammungsängsten und Schuldgefühlen leidet. Seine Erziehung war von Unterdrückung und religiöser Zwanghaftigkeit gekennzeichnet. Im Namen Gottes wurde ihm mit der Hölle gedroht, wenn er ungehorsam war; gleichzeitig aber fühlte er sich von seinen Eltern in seinen religiösen Empfindungen nicht ernstgenommen. Diese Zwiespältigkeit kränkte ihn, bis er krank und Frührentner wurde.

Ich entdecke in ihm einen sensiblen, gottsuchenden und die Bibel hinterfragenden Menschen. Doch auf seiner Suche alleingelassen, wurde er empfänglich für alles, was sich einen religiösen Anstrich gab, auch für Sekten und »Privatoffenbarungen« aus der New-Age-Grauzone. Völlig verunsichert und eingeschüchtert weist er auf seine Verdammnis hin, die er mit allen möglichen Bibelzitaten und mit Hinweisen auf falsche Propheten belegt.

»Ich habe im Trotz meinen Eltern gegenüber eine Frau geheiratet, die ich nicht liebe. Und lesen Sie, was hier steht!« Er reicht mir eine blaue Broschüre; da steht es, rot unterstrichen: »Wer bewußt einen falschen Weg wählt, aus Groll oder Verbitterung, begeht eine unvergebbare Sünde.«

Ich hatte ein Heft der Stiftung Ambassador College in der Hand, dessen Verfasser sich Herbert W. Armstrong nennt. Aus weiteren Passagen dieser Broschüre erkenne ich die Fragwürdigkeit und bedrohliche Irreführung in der Bibelauslegung.

»Herr N.«, antworte ich, »Gott vergibt alle Schuld, die wir bereuen.«

»Das ist es ja gerade. Es ist zur Reue zu spät. Lesen Sie Hebräer 12,17; da heißt es: Esau fand keinen Weg zur Buße, wiewohl er sie mit Tränen suchte.«

Alle meine Beschwichtigungen und exegetischen Aufklärungen vermögen ihn nicht zu beruhigen. Als er dann noch verzerrte und angstmachende Abschnitte aus einer Engelwerk-Broschüre zitiert, ein Flugblatt des Heimholungswerks der Gabrielle Wittek aus seiner Tasche kramt und anschließend Bibelstellen dazu nennt, steigt Zorn in mir auf.

»Es ärgert mich, daß Sie jedwede Bibelinterpretation, ungeachtet ihrer Herkunft, so mir nichts, dir nichts schlucken und sich dann zu den Verdammten zählen. Wenn Sie wirklich verdammt wären, säßen Sie jetzt nicht hier. Ein Mensch, der wie Sie Gott sucht, weil er gesündigt hat, befindet sich auf dem Weg zum Himmel. Im übrigen ist es unvergleichlich leichter, in den Himmel zu kommen als in die Hölle, weil Gott barmherzig ist. Sie sind nicht verdammt, sondern von den vielen falschen Propheten in die Irre geleitet worden.«

Er schaut mich ungläubig an. Daß Gott ihn liebt, kann er kaum fassen. Ich empfinde tiefes Mitleid mit ihm: Wie kann einer die Liebe Gottes begreifen, wenn er nie die Liebe seiner Eltern erlebt hat? Plötzlich fragt er, ob er einmal mit seiner ganzen Familie und mit seinen Eltern zu einem klärenden Gespräch kommen könne. Ich bin sehr froh über diesen Vorschlag und beende die Sitzung mit einem Gebet. Danach bitte ich ihn, mir das gesamte Material der falschen Propheten zu überlassen.

Ich ziehe mich in die Kapelle zurück, über das Gespräch nachdenkend und über die therapeutischen Fehler, die mir unterlaufen sind. Ich trage das Anliegen dieses jungen Mannes vor Gott. Ein Geschmack von Bitterkeit haftet auf meiner Zunge. Gedankenverloren bringe ich das Abendessen hinter mich und flüchte mich vor den Fernseher zu den Nachrichten. Da läutet das Telefon.

Ein guter Freund aus München meldet seinen baldigen Be-

such an. Ich freue mich und nutze das Gespräch zur Ablenkung von meinen selbstkritischen Gedanken.
Einige Minuten später sitze ich am Schreibtisch und vertiefe mich in die Biographie unseres Gründers Vinzenz Pallotti. Mir fällt plötzlich ein, daß ich an seinem Todestag eine Predigt halten soll. Eine halbe Stunde ist noch nicht vergangen, als es an der Tür zaghaft klopft. Guido Schilling tritt ein und erinnert mich an »unser gemeinsames Bier«, das wir heute abend trinken wollen. Guido studiert in Weihenstephan und begleitet mich gelegentlich bei meinen Vortragsreisen als Chauffeur und »Mädchen für alles«. Ich bin froh über diese fast vergessene Abwechslung und mache mich mit ihm auf den Weg zum Studentenlokal »Tagblatt«. Es ist 20.20 Uhr, Zeit und Durst auf ein »Weizen«. Drinnen setzt sich ein dritter an unseren Tisch; das Gespräch kommt nach einigen Belanglosigkeiten unvermeidlich auf die Themen, die auf meiner Stirn zu stehen scheinen: Gott, Tiefenpsychologie, Höhenpsychologie, Glaube, Irrglaube, Unglaube, Aberglaube, Erlösung, Bibel, Humor...
Als wir gegen halb elf wieder zu Hause ankommen, verzichte ich auf meine gewohnte Radtour auf dem Heimfahrrad. Ich schleppe mich ins Bett, bringe es noch fertig, fünf Seiten in Nouwens »Feuer, das von innen brennt« zu lesen, schicke rasch noch einen Gute-Nacht-Gruß gen Himmel, lösche das Licht und wühle mich in die Kissen. Die Turmuhr hebt gerade an, mit dumpfen Schlägen die volle Stunde bekanntzugeben.

Was Pallottiner tun

Als Dr. phil. Dr. theol. Vinzenz Pallotti die Idee hatte, ein weltweites Apostolat zu gründen, hatte er kein Geld. Nach einem Aufruf zu einer Spende für die von ihm angeregte

Übersetzung eines Buches in die arabische Sprache war so viel Geld übrig, daß er nun seinen Lieblingsgedanken verwirklichen konnte. So entstand die Gemeinschaft vom Katholischen Apostolat, auch Pallottiner genannt. Das war 1835.

Dieser gelehrte und fromme Mann, der schon zu seinen Lebzeiten in ganz Rom bekannt war und als Heiliger galt, widmete sich den Armen und Kranken, den Gefangenen und Sterbenden, den jungen und alten Menschen. Er suchte vor allem den Glauben und die Mitarbeit der Laien zu gewinnen, so daß dieses Miteinander und Füreinander zu einem heute noch gültigen Maßstab der Pallottiner gehört.

Wir Pallottiner sind in der Erwachsenenbildung und Jugendarbeit tätig. Viele unserer Häuser widmen sich ganz speziell dieser Aufgabe. Darüber hinaus sind einige Patres und Brüder in der Behinderten-, Blinden-, Auswanderer- und Krankenseelsorge tätig. Wir stellen einen Seelsorger für den Frankfurter Flughafenbereich, für das Zirkus- und Schaustellergewerbe. Wir arbeiten in Altenheimen und Internaten, führen Meditationskurse und Exerzitien durch, sind als Missionare in der ganzen Welt verteilt.

Wir geben Zeitschriften heraus: »Das Zeichen«, »Ferment«, »Katholisches Apostolat«, »Pallottis Werk daheim und draußen«. Manche Pallottiner sind als Hochschulprofessoren tätig, einige als Liedermacher und Sänger, andere als Publizisten und Buchautoren. Viele Laien, die als »Brüder« unserer Gemeinschaft angehören, sind handwerklich, pflegerisch oder in der Verwaltung aktiv. Alle Begabungen haben Platz, jeder wird gebraucht.

Manche Jugendliche und Erwachsene suchen in unseren Häusern für ein paar Tage Ruhe und Besinnung; andere wieder probieren »Kloster auf Zeit« oder helfen einfach während ihrer Ferien im Haus mit.

In Vallendar bei Koblenz haben wir eine eigene Theologische

Hochschule, an der aber auch männliche wie weibliche Angehörige anderer geistlicher Gemeinschaften und Orden studieren. Wer bei uns eintreten möchte, macht zunächst ein Noviziat, eine Einführungszeit von zwei Jahren, in der er mit anderen Interessenten zusammen seinen Wunsch und seine Motive überprüfen kann. Die ausländischen Freunde lernen in der Regel erst einmal Deutsch, bevor sie ihr Noviziat beginnen. Als ich 1989 das Einführungsjahr antrat, waren Mitbrüder aus Südafrika, Spanien, Holland, Kroatien und Österreich unter uns.

Weltweit sind wir ungefähr 2000 Pallottiner. Wie alle geistlichen Gemeinschaften schlagen auch wir uns mit Nachwuchsproblemen herum. Ich denke, daß der Wegfall des Zölibats keinen erheblichen Zuwachs bringen würde. Das größere Problem liegt vielmehr in der Angst vor Verbindlichkeit. Mag sein, daß die verzerrten und mittelalterlichen Vorstellungen, die heute noch über das Ordens- und Klosterleben vorherrschen, ihr Teil zur Abschreckung beitragen. Übrigens: Wir sind kein Orden; wir leben auch nicht im Kloster; wir sind also keine Mönche beziehungsweise Nonnen. Wir sind eine Gemeinschaft, den Jesuiten ähnlich. Jeder darf seinen privaten Besitz behalten, darf erben, in gewissem Umfang wirtschaften. Er ist ein freier Mensch, dem zur Ausübung seiner Tätigkeit ein Auto zur Verfügung steht, der seinen Terminkalender in eigener Verantwortung und mit Rücksicht auf gemeinschaftliche Belange gestalten kann. Er muß nicht jede Entscheidung beim Vorgesetzten absegnen lassen. Und der Vorgesetzte heißt weder Abt noch Prior, sondern Rektor. Der Chef aller Rektoren nennt sich nicht etwa Generaldirektor, sondern Provinzial, was mit der gleichnamigen Versicherungsgesellschaft nichts zu tun hat.

Manchmal tragen wir das Habit, das schwarze Kleid unserer Gemeinschaft; meistens aber gehen wir zivil, weil es praktischer ist. Die Abkürzung SAC hinter unserem Namen bedeutet: Societas Apostolatus Catholici, zu deutsch: Gesellschaft vom Katholischen Apostolat. Manche behaupten, es heiße: Sozial, Attraktiv, Charismatisch.

Gott im Management

Seit etlichen Jahren gebe ich für die Führungskräfte eines großen deutschen Wirtschaftsunternehmens Kurse zur psychophysischen Entspannung, zur Selbsterkenntnis und Leistungskontrolle. Dabei spielen die Sinn- und Glaubensfragen eine zunehmend größere Rolle. Viele Leute sind der Meinung, Manager und Angehörige der sozialen Oberschicht hätten mit Gott und Kirche wenig im Sinn. Sie staunen, wieso ich als Theologe und christlicher Psychotherapeut, jetzt auch noch als Pallottiner, für die Durchführung solcher Seminare angefragt werde. Ich selbst mußte umdenken: Die religiöse Suche und Lebensdeutung, die persönlich bewußt gewordene Auszehrung spiritueller Kräfte sowie die Sehnsucht nach einer stabilen Gottesbeziehung sind auch in den Etagen des Managements zu spüren. Immer wieder bricht diese Not in den Seminaren durch. Wer es nicht vor den Kollegen ausspricht, tut es hinterher bei mir unter vier Augen oder später in Briefen. Ich spüre eine große Verantwortung und Chance in dieser Aufgabe, Menschen in führenden Positionen zu einem befreienden Selbst- und Gottesbild zu bringen; es sind Familienväter, oft überforderte, konkurrenzgejagte Abteilungsleiter und Direktoren von weltweit verstreuten Niederlassungen. Nicht daß ich jetzt in direktiver Form missionarisch tätig würde! Es geht nicht darum, Gott wie einen Zampano in ein Entspannungsseminar hineinzuzaubern. Es geht zunächst um eine gesunde Selbsteinschätzung und die Korrektur falscher Lebens- und Denkweisen. Dies ist vom Konzept einer persönlichen Weltanschauung nicht zu trennen.

»Ich habe einige Fragen im Zusammenhang mit dem von Ihnen eben angeführten Themenbereich Gottesbild-Selbstbild-Weltbild«, sagte ein Teilnehmer in einer Seminarpause zu mir. »Ihre Ausführungen haben in mir einiges wachgerufen. Und ich gebe Ihnen völlig recht, wenn Sie sagen, ohne Gott könne der Mensch sich durchaus in dieser Welt einrichten, doch in Krisenmomenten sei er hilflos auf sich allein angewiesen. Ist Gott dann doch nur ein 15. Nothelfer? Und wie kann mein Gottesbild bestehen, wenn ich in der Not keine Hilfe von ihm erfahre? Die Degradierung Gottes zum Erste-Hilfe-Sanitäter erscheint doch sehr problematisch.«

Ich war sehr betroffen von dieser Überlegung. Er hatte völlig recht; offenbar waren meine Aussagen zu einseitig. Ich entgegnete ihm:

»Lassen Sie es mich anders formulieren. Der Mensch braucht Gott nicht, um sich hier auf Erden gut einzurichten. Doch Gott will ihn gebrauchen, weil er Interesse an ihm hat. Jeder Liebende will es mit der geliebten Person zu tun haben. Und wer sich nun seinem Gott ausliefert, verfügbar macht, darf auch mit einer weisen Führung Gottes rechnen; ich sage weise, nicht schmerzlos. Die meisten Menschen haben aber Angst, sich Gott hinzugeben, weil das für ihre Lebensweise Konsequenzen hätte: Sie müßten manches ändern, loslassen. Das wollen sie nicht. Und so entsteht ein Zwiespalt: Sehnsucht nach ihm einerseits, Verlustangst andererseits. Am liebsten wollen sie Gott und dem Mammon dienen. Das geht nicht.«

»Und wie kann ich mich Gott möglichst schmerzlos ausliefern?«

»Wahrscheinlich geht es ohne Schmerz nicht. Das Loslassen falscher Gottesbilder, das Ändern schädlicher Lebensgewohnheiten, das Einlassen auf die Unberechenbarkeit Gottes ist ein Prozeß, der schmerzlich ist, aber letztlich Befreiung bringt.«

Inzwischen gesellten sich weitere Seminarteilnehmer dazu. Eine rege Diskussion kam in Gang. Im Lauf des Gesprächs wurde ich mit Gottesbildern konfrontiert, die dem Bild eines Managers umgekehrt proportional zu entsprechen schienen, das heißt ihr Gott schien eher passiv zu sein, abwesend, in Fragen der Wirtschaft und Geschäftsführung inkompetent. Er war allenfalls ein Hüter der Moral, dem man keinen Zugang zum beruflichen Bereich verschaffte. Für manche waren Kirche und Gott austauschbare Begriffe. Mir war natürlich klar, daß jedes Theoretisieren und Reden *über* Gott keine Aha-Erlebnisse bringt. Nur Reden *zu* Gott und die Preisgabe persönlicher Gotteserfahrungen vermögen Betroffenheit und Interesse zu wecken.

Wiederholt bekomme ich von »gut katholischen« Christen zu hören: »Was wollen Sie denn bei solchen Leuten erreichen? Sie unterstützen mit Ihrer Arbeit doch nur das marktwirtschaftliche Denken, Sie sind Mittel zum Zweck der Produktionssteigerung und effektiver Verkaufsstrategien. Gehen Sie lieber in die Dritte Welt!« Solche Äußerungen ärgern mich. Wer so denkt, hat entweder ein sehr schwaches (Gott-)Vertrauen, oder er hat den Missionsauftrag Jesu falsch verstanden. Es ist Zeit, den Glauben in unseren eigenen Reihen zu bezeugen. Längst sind wir Deutsche zum Missionsland geworden, nachdem in Asien, in Afrika, in Rußland, in Südamerika immer mehr christliche Basisgemeinden entstehen und Menschen zu Gott finden.

Nach dem letzten Seminar erhielt ich einen Brief; ein ausländischer Teilnehmer schrieb: »Sie sind für mich der erste Trainer, der Theologie und Psychologie in einsichtiger und hilfreicher Weise verbindet. Sie haben mir und meiner Frau Mut gemacht, unser Leben bewußter zu gestalten, vor allem auf Gott hin auszurichten...«

Schon dafür lohnt es sich, in die Chefetagen zu steigen.

Schwarzer Freitag

Es gibt Augenblicke, da beginnt mein Glaube zu schwanken. Es ist nicht schwer, in frommen Minuten Gott sein Leben anzubieten, Held und Heiliger sein zu wollen. Wenn es dann aber an die Substanz des Glaubens geht und das Leben zu schmerzen beginnt, offenbart sich die Schwachheit: »Herr, ich glaube, hilf meinem Unglauben!« Und ich erfahre wieder einmal die Unbegreiflichkeit Gottes.

An jenem Freitag, dem 21. Dezember 1990, ging es mir nicht gut. Alle Ereignisse dieses Tages schienen gegen mich angetreten zu sein. An die unheilvolle Wirkung bestimmter Wochentage glaube ich ebensowenig wie an glücksbringende Talismane oder Gestirnkonstellationen. Ich bin nicht abergläubisch. Daß der Tag so unglücklich verlief, wirft die Frage nach dem Warum auf. »Du bist mit dem linken Fuß aufgestanden«, sagen die einen; »dein Biorhythmus stimmt nicht«, meinen die anderen; »Zufall, nichts als Zufall«, diagnostizieren die dritten; »Gottes Pädagogik will dich vor Hochmut bewahren«, dozieren die vierten. Mag sein, mag sein. – Was ist geschehen?

Ich fuhr nach München, um dort auf Bitten eines Schuldirektors vor den Schülern der Oberstufe über Gotteserfahrungen im Alltag zu sprechen. Über hundert Schüler und Schülerinnen befanden sich in der nicht sehr warmen Turnhalle; es war ihr letzter Schultag vor den Weihnachtsferien. Ich empfand es als nicht sehr klug, diese religiöse Thematik allen zur Pflicht zu machen. Nun saßen sie da, eingehüllt in ihre Anoraks, und hörten mir mehr oder weniger interessiert zu.

Das Gespräch verlief unruhig; Schüler kamen und gingen; vereinzelt waren leise Proteste gegen meine Aussagen zu hören, einige aggressive Bemerkungen von Schülerinnen, Infragestellung und Ablehnung meines Gottesbildes:
»Ist denn überhaupt erwiesen, ob es einen Gott gibt?«

»Warum sehen Sie die Ereignisse in Ihrem Leben immer so einseitig?«
»Wenn es einen Gott gibt, weshalb ändert er die Welt nicht?«
»Was hat der Mensch denn von Gott?«
Ich sah mich einer Fülle von Fragen ausgeliefert, die gewiß ihre Berechtigung hatten, wenn da nicht stets dieser aggressive, verneinende Unterton gewesen wäre. Dennoch blieb ich ruhig und sachbezogen. Einige Lehrpersonen saßen am Rande, riefen hin und wieder zur Ruhe, mahnten die Weggehenden zum Bleiben, warteten ab. Ich spürte eine große Not hinter den Fragen der Jugendlichen, Angst, sich zu äußern, Unkenntnis der Bibel, verzerrte Gottesbilder, religiöse Gleichgültigkeit, Feindseligkeit gegen die Kirche. Ein Mädchen unterstellte mir Aussagen, die ich nicht gemacht hatte. Nach 90 Minuten war der »Glaubenskrieg« zu Ende.
Zwei Religionslehrer waren tief betroffen und beschämt über das, was sie hier erlebt hatten. Ich bedauerte sie; denn ihr Stand ist bei solchen Schülern frustrierend. Kein Lehrer vermag die häuslichen Versäumnisse und elterlichen Erziehungsfehler in der Schule wettzumachen. Was bleibt, ist die Hoffnung auf spätere Einsicht und Umkehr.
Von Trauer erfaßt, verlasse ich das Gymnasium und gehe mit Georges von Degenfeld, einem gläubigen Medizinstudenten, essen. Ich empfinde ihn nach dem vorangegangenen Beschuß als angenehmen Gesprächspartner. Um 15 Uhr begebe ich mich in das Provinzialat eines Ordens, um in einem Streitfall einem Priester als Gutachter und Berater beizustehen. Ich erlebe eine Niederlage: Gegengutachter erklären mein Gutachten für null und nichtig; sie sprechen von einem Gefälligkeitsgutachten. Dennoch kann am Ende der Sitzung ein Ausweg aus der schmerzlichen Krise gefunden werden. Vorläufig.
Ich eile zur U-Bahn am Odeonsplatz, begebe mich noch rasch in den WC-Raum, verlasse ihn aber ebenso rasch wieder, da sich dort zwielichtige Gestalten versammelt haben. Draußen

steht eine Zeugin Jehovas mit dem »Wachtturm« in der Hand. Sie tut mir leid. Ich kenne die unmenschlichen Organisationsstrukturen und Falschmeldungen dieser Sekte. Die meisten Mitglieder ahnen nicht einmal, auf was sie sich da eingelassen haben.

Am Parkplatz angekommen, finde ich meinen Wagen mit einem Strafzettel vor: 30 DM für Abstellen im Parkverbot. Na ja, denke ich, beim nächsten Mal nimmst du die S-Bahn. Infolge einer Umleitung und der winterlichen Dunkelheit verfahre ich mich; und da ich meine Lesebrille vergessen habe, nutzt mir der Stadtplan herzlich wenig. Ich fahre drauf los und bin bald am Mittleren Ring. Da ich schon frühmorgens um 6 Uhr meine Anbetungszeit gehalten habe, bleibt jetzt nur noch eins zu tun: Ich nehme den Rosenkranz hervor und bete ihn bis nach Freising. Was für ein Tag! Ich denke an die vielen Menschen, die täglich weitaus größere Frustrationen haben und niemanden finden, bei dem sie sich ausweinen, ausschimpfen und ausruhen können.

Auf meinem Schreibtisch liegt stapelweise Post, vornehmlich Weihnachtsgrüße, und einiges in Geschenkpapier verpackt. Dazu ein anonymer Vermerk: »Bitte erst Heiligabend öffnen!« Ich erkenne Guidos Schrift und muß schmunzeln. Na endlich, geht es mir durch den Kopf, eine Entschädigung für diesen Tag.

Schwarzer Freitag? Nein, sicher nicht. Ein Tag wird durch gehäufte Enttäuschungen und Mißgeschicke nicht wertlos. Wenn ich mich dazu entschließe, solche Erfahrungen im Licht des christlichen Glaubens und Humors zu deuten oder einfach unreflektiert gelten zu lassen, bleiben die Geschehnisse nicht unbedeutend. Nur im Schmerz wächst der Mensch. Der endgültige Sinn wird erst am Ende gültig: Wenn uns die Augen zugehen, werden sie uns aufgehen.

Am Abend verweile ich noch einige Minuten in unserem Meditationsraum. Ich knie vor dem großen Kreuz. Wir schwei-

gen uns an. Dann ist mir so, als ob eine innere Stimme sagen wollte: »Ich kenne deine Sorgen; ich weiß um die Drangsale aller Menschen. Ich liebe dich so wie du bist. Liebe mich auch, so wie du bist! Ich brauche nicht deine Erfolge; ich brauche nicht dein Ansehen und deine Leistungen. Ich brauche nur dein Vertrauen. Kümmere dich nicht darum, daß vieles anders verläuft, daß du keine Tugenden besitzt; ich gebe dir die meinen. Geh nun zu Bett! Ich werde mit dir sein.«
Kurz darauf läutet das Telefon. Meine Mutter teilt mir mit, daß mein Vater ins Krankenhaus muß und am Heiligabend noch operiert wird.
Zwei Jahre später stirbt mein Vater. Mit unglaublicher Geduld und Zuversicht ertrug er sein Leiden.
Bevor ich zu Bett gehe, schlage ich ein Buch von Martin Gutl auf, das er mir geschenkt hat: »Ich begann zu suchen«, heißt es. Auf Seite 51 bleibt mein Blick haften; dort schreibt er:

> Wenn der Glaube
> sich nicht durch Zweifel
> und Krisen hindurchringen muß,
> bleibt er schwärmerisch und wirklichkeitsfremd.
>
> Wenn die Hoffnung
> nicht durch aussichtslose Situationen
> herausgefordert wird,
> bleibt sie kraftlos und inhaltsleer.
>
> Wenn die Liebe
> nicht den schwierigen Verwandten,
> den lästigen Nachbarn,
> den politischen Gegner mit einbezieht,
> wird sie ihre göttliche Herkunft
> nicht zeigen können.

Noch lange liege ich wach, bis die Erschöpfung siegt.

Protokoll einer Vortragsreise

Neben der therapeutischen Tätigkeit am Ort besteht meine zweite apostolische Arbeit darin, durch Vorträge, Seminare und Segnungsgottesdienste den Menschen einen Gott zu vermitteln, der weder Angst noch Druck auslöst, sondern froh und erlöst macht. Das falsche Gottesbild und die negative Lebensweise vieler Christen sind schuld an hausgemachten Depressionen, Angstneurosen, Fluchtmechanismen, psychosomatischen Erkrankungen, religiösen Fehlformen und verschlüsselten Aggressionen. So bin ich also immer wieder auf Achse, sozusagen als »Vertreter in Glaubensartikeln«, oft begleitet von einem Jugendlichen, der geistlicher Wegbegleiter, Chauffeur, Freund, Buchhändler und Kofferträger in einer Person ist. Ich weiß nicht mehr genau, wann der Moment da war, in dem ich wußte, daß Gott mir diese »Missionsreisen« zum zweiten Beruf machte. Immerhin fahre ich mit dem Auto fast 50000 km im Jahr von Lübeck bis Meran, von Luxemburg bis Wien.
Dieses Mal begleitete mich Guido. Er studiert Landschaftspflege in Weihenstephan und ist ein Freund unseres pallottinischen Hauses, Mitglied der sogenannten Freising-Gruppe, einer informellen Gemeinschaft von etwa 70 jungen Menschen, die sich öfter im Jahr bei uns zur geistlichen Regeneration treffen.
Die Tournee, von der ich hier eine kurzgefaßte Bilanz wiedergebe, war sehr intensiv; in vierzehn Tagen führte sie uns durch neun Städte.

13. Februar: Emmelshausen bei Boppard
Der Saal ist prall gefüllt. Junge Eltern sind gekommen, um Antworten auf pädagogische Fragen zu bekommen. Die Sorge um eine gute soziale und religiöse Erziehung ihrer Kinder läßt sie fast drei Stunden im evangelischen Pfarrsaal

ausharren. Sie kamen trotz des winterlichen Wetters hierher und drücken ihre persönliche Betroffenheit aus über das, was ich ihnen zum Thema Gehorsam und notwendiger Trotz sage. Die Abnabelung der Kinder, ihr frühzeitiges Loslassen und Selbständigmachen fällt ihnen schwer. Aus Angst vor möglichen Fehlentwicklungen und negativen Beeinflussungen ziehen es viele Eltern vor, ihre Kinder festzuhalten; so übertragen sie die eigene Angst auf sie. Als ich ihnen die Geschichte vom weggelaufenen Jesuskind (Lk 2,41 ff.) aus pädagogischer Sicht darlege und die Notwendigkeit aufzeige, daß Kinder mit Beginn der Pubertät auch auf ihre innere Stimme (»den himmlischen Vater«) hören müssen, werden sie nachdenklich. Ich beschließe den Abend mit einem Gebet.

14. Februar: Eine Gemeinde in Boppard
Zwischen den Erwachsenen sind viele Jugendliche. Der Pfarrgemeinderat wünschte an zwei Abenden eine längst fällige Aussprache zum Thema »Kirche nein – Gott ja«. Ein heikles Thema, dachte ich, da ich wußte, welche Schwierigkeiten es in der Gemeinde gab. Eine Stunde vor dem Vortrag ziehe ich mich zurück in die angrenzende Kirche und bitte Gott um den Geist der Erkenntnis und Weisheit, um Ausgewogenheit und Liebe. Dies um so mehr, als ich um meine provokative Rhetorik weiß. Sie wird von manchen Hörern falsch gewichtet. Ich entschließe mich, das Thema aufzuteilen. Heute abend: Probleme in der Gemeinde und ihre möglichen Ursachen. Morgen: Hilfen zur Bewältigung. Die Zuhörer engagieren sich sehr stark; die Meinungen prallen aufeinander. Ich sehe mich eingekeilt zwischen Gemeindemitgliedern und ihrem abwesenden, weil anderswo verpflichteten Pfarrer. Immer wieder bete ich still um Weisheit und Erkenntnis. Vor allem die Frauen beklagen sich bitter über die frauenfeindliche Haltung der Kirche. Innerhalb des

Altarraums ist ihnen jede liturgische Tätigkeit abgesprochen. So etwas verbittert. Zum Putzen und Blumenbinden sind sie gut genug. Ich verstehe ihren Unmut und gebe ihnen recht. Biblisch läßt sich die Abgrenzung der Frau so nicht aufrechterhalten.

15. Februar

Am Nachmittag suche ich den Pfarrer auf und spreche mit ihm eine Stunde lang über die gespaltene Gemeinde. Aus seiner Sicht hört sich manches anders an. Auch er muß seinem Gewissen folgen und kann nicht einfach seine vorkonziliare Erziehung ablegen wie eine Krawatte. Er leidet darunter. Ich verspreche ihm, das Thema am Abend sachgemäß zu behandeln, nach einer Lösung suchend. Dann gehen wir zur Anbetung in die Kirche.

Trotz der vereisten Straßen ist abends der Saal gefüllt. Das Thema ist den Leuten wichtig. Als erstes weise ich darauf hin, daß beharrliches Gebet wichtig ist für die Auflösung zementierter Meinungen. Als ich auf die leeren Kirchenbänke zu sprechen komme, in denen während der offiziellen Anbetungsstunde von 17 bis 18 Uhr nur zwei Frauen knieten, ernte ich Schweigen. In diesem Augenblick sehe ich im Geist die Bibel aufgeschlagen vor mir liegen: »Tritt auf, sei es gelegen oder ungelegen, mahne und weise zurecht in aller Geduld und Weisheit...« (2 Tim 4).

Der Abend endete mit einem versöhnlichen Wort und mit der Erkenntnis einiger Teilnehmer, daß erst einmal die Spiritualität gelebt sein will, bevor man Aktionen startet oder in Kritik untergeht. Ein Hörer sagt mir nach dem Vortrag: »Sie haben sehr offen gesprochen. Es war nicht alles angenehm, aber notwendig.«

16. Februar: Untermerzbach/Franken

Dort, wo ich mein Noviziat verbrachte, sollte ich ein Seminar über Träume und deren Bedeutung halten. Das Bildungswerk unserer pallottinischen Gemeinschaft hatte dazu eingeladen. Einige Wochen zuvor schrieben mir einige Leute ihre Träume. Ich hatte also genügend Studienmaterial. Auch hier offenbarten sich tiefliegende Ängste und verkopftes Christsein. Verdrängte Gefühle führen manchmal zu bizarren Trauminhalten. Mitunter stellen sie eine Aufforderung dar, jenen vernachlässigten Teil des eigenen Lebens bewußter anzunehmen, um so ganzheitlicher und gesünder zu leben. Es war auch die Rede von hellseherischen Träumen, die warnende oder wegweisende Bilder enthalten.

Doch wichtiger als jene psychologische Analyse von Trauminhalten war mir persönlich die Begegnung mit meinen jungen Mitbrüdern, mit denen mich ein gemeinsames Jahr der Einführungszeit verband. Seit einigen strukturellen Veränderungen im Ablauf des Noviziats fühlten sie sich wohler. Von den inneren Kämpfen, die ich weiter oben beschrieben habe, war in dieser vehementen Form nun nichts mehr zu merken. Fürwahr, ein traumhaftes Noviziat!

Guido, der aus Untermerzbach stammt, und ich fuhren anderntags nach Bernkastel-Kues, um zwei Tage bei meinen Eltern zu verbringen, ehe der anstrengende Teil unserer Reise beginnen sollte. Der Winter schien sich zu verabschieden: Strahlender Sonnenschein und zahlreiche Spaziergänger ließen die Vorboten des Frühlings erwarten.

20. Februar: Aachen

In Anbetracht des herrschenden Ungeistes in der Welt stellt sich die Frage, ob der Heilige Geist eine Wirklichkeit ist. Ich spreche in Aachen vor etwa 250 Personen und bringe Beispiele aus meinem eigenen Leben, wo der Geist Gottes deutlich spürbar war. Ich weiß, daß die Preisgabe eigener religiöser Erfahrungen manche Christen überfordert, insgesamt aber besser ist als jede abstrakte Theologie. Es kommt darauf an, Gottes Handeln heute zu bezeugen und die Menschen darauf aufmerksam zu machen, daß auch in ihrem Leben der Heilige Geist eine Wirklichkeit ist. Ich muß mich ihm nur öffnen, mit ihm rechnen.

21. Februar: Geilenkirchen
»Medjugorje zwischen Presse und Wahrheit« lautet das Thema, das angesichts der zunehmenden Verwirrung durch Pressemeldungen Klarheit bringen soll über die tatsächlichen Geschehnisse und Stellungnahmen dazu. Die emotional geladene Abwehr gegen Medjugorje, mit der ich gerechnet hatte, blieb allerdings aus.
Am Nachmittag findet mit einigen Pfarrern aus der Umgebung ein Informationsgespräch darüber statt. Die Teilnahme ist bescheiden; nicht viele nutzen die Möglichkeit, sich sachgerecht und aktuell zu informieren. Schade. So wird das Vorurteil beziehungsweise das einseitige Wissen aus der Presse weiterhin das verfälschte Bild über die Ereignisse in Medjugorje aufrechterhalten. Dabei sind es gerade diese Pilger, die die Kirchen wieder füllen, Gebetsgruppen gründen, den Wert des Rosenkranzgebets neu entdecken und das Christsein wieder beleben.
Am Abend kommen vorwiegend Sympathisanten von Medjugorje. Dies bedauere ich ein wenig, da die Kritiker einen solchen Abend durchaus würzen und der Wahrheit zum Durchbruch verhelfen können. Pro- und Contra-Argumente lassen sich besser abwägen. Ich habe keine Angst vor Gegnern; aber vielleicht sie vor mir.

22. Februar: Ein Kloster an der Weinstraße
Immer mehr Klöster fragen nach Seminaren über Kommunikationstraining und faires Streiten. So bat mich die Generaloberin einer Schwesternkommunität, einen »Tag der heilenden Kommunikation« zu gestalten. Als ich dann die Überzahl älterer Schwestern vor mir sitzen sehe, entscheiden wir uns für einen Themenwechsel: Heilende Begegnungen mit Gott und den Mitmenschen.
Da sitze ich nun vor 22 Nonnen und erlebe eine offene, herzliche Gemeinschaft. In Einzelgesprächen tritt zutage, daß viele Erwartungen und Enttäuschungen in verschlüsselter Form vorgebracht werden, eine Verhaltensweise, die in den meisten Familien, Betrieben und auch geistlichen Gemeinschaften praktiziert wird. Sie führt zu Belastungen, zu Fehldeutungen und Projektionen, zu Vergiftungen in den Beziehungen untereinander. Die Angst der älteren Schwestern bremst die Dynamik der Jüngeren. Am Ende entpuppt sich der Generationskonflikt als das eigentliche Problem. Guido, von der engagierten und offenen Diskussion der klösterlichen Damen angetan, äußert sich angenehm überrascht und revidiert sein bisheriges Bild vom Klosterleben. Da heute immer noch kirchliche Instanzen den Psychologen fürchten wie der Teufel das Weihwasser, staunen wir beide über den Mut der Generaloberin, einen Besinnungstag unter psychosozialen Aspekten zu gestalten. Sie hat erfahren, daß nicht alle Psychologen antikirchlich oder atheistisch eingestellt sind.

23. Februar: Bad Dürkheim
Einkehrtag für eine ganze Pfarrgemeinde. Ich finde eine lebhafte Teilnahme an allen Veranstaltungen vor. Plakate kündigen an, daß ich über heilende und krankmachende Gottesbilder, auch über innere Heilung sprechen werde. Ein Segnungsgottesdienst schließt den Tag ab. In vielen Einzelgesprächen wird mir die persönliche Not und Sehnsucht der

Menschen deutlich. Vorwiegend Eheprobleme und Glaubensentfremdung der Kinder oder des Ehepartners stehen an. Ängste um das Seelenheil der Familie und tiefe seelische Verletzungen kommen zum Vorschein.

Eine Viertelstunde vor Beginn des Segnungsgottesdienstes sind alle Kirchenbänke besetzt. Fünf Priester melden sich in der Sakristei; sie bilden mit jeweils einem Laien ein Gebetsteam, das handauflegend für die Menschen um Heilung und Versöhnung betet. Ich spreche ein langes Heilungsgebet und spüre die unausgesprochenen Erwartungen der Menschen. Sie suchen nicht nur Heilung von seelischen Verwundungen, sondern auch körperliche Genesung. Ich weiß um die Problematik solcher Heilungsgottesdienste und vermeide jegliche suggestive Äußerung. Einerseits dürfen wir von Gott alles erwarten, andererseits müssen wir ihm Art und Weise sowie Zeitpunkt einer Heilung überlassen. Nichts wäre gefährlicher, als Erwartungen zu wecken und zu enttäuschen. Spektakuläre Heilungen sind dem wankenden Glauben nicht förderlich. Skeptiker werden dadurch in der Regel nicht überzeugt. So versuche ich, den Blick der Menschen auf Gott zu lenken, der die innere Heilung jedem schenkt, der um Versöhnung bemüht ist. Dann kann sich auch hie und da eine körperliche Heilung einstellen. Ich habe nicht die Gabe der Erkenntnis, kann also nicht sagen, ob und wann jemand von Krankheitssymptomen geheilt wird.

Nach eineinhalb Stunden ist der Gottesdienst beendet. Ich merke, wie auch die Priester betroffen sind und einen neuerlichen Impuls zu ihrer pastoralen Tätigkeit verspüren. Der Auftrag Jesu, über Kranke handauflegend zu beten, wie er in Mk 16 und Jak 5 nachzulesen ist, tritt wieder neu ins Bewußtsein.

25. Februar: Sigmaringen

Unsere »Missionsreise« bringt uns nach Lauffen am Neckar, wo ich eine kurze Vorbesprechung mit dem Pfarrer wegen eines geplanten Segnungsgottesdienstes in seiner Gemeinde führe. Pfarrer Kurt Hamaleser bemüht sich gemeinsam mit Laien, Kirche vor Ort zu erneuern und zu einer echten Gemeinde zu machen. Verschiedene Gebetskreise, auch eine gut besetzte Musikgruppe Jugendlicher sind aus diesen Bemühungen hervorgegangen.

Es geht weiter nach Sigmaringen. Das dortige Bildungswerk lud ein zum Vortrag »Hindert die Psychologie den Glauben?« Einige Ordensleute, viele Akademiker sind anwesend. Ich stelle zu Beginn die Frage, ob die Theologie die Frömmigkeit fördert, und ernte kurzes Gelächter. Dann zeige ich auf, unter welchen Voraussetzungen Psychologie antichristlich eingestellt ist, weshalb sich so viele Menschen heute auf dem esoterischen Markt tummeln, wie Psychologie sein soll, damit sie den verzerrten Glauben und die falschen Gottesbilder von den krankmachenden Faktoren befreien kann.

Eine Teilnehmerin schimpft heftig gegen die Kirche. Ich frage sie, ob sie von Vertretern der Kirche und durch eine übertriebene religiöse Erziehung verletzt worden sei. Als sie bejaht, bleibt es eine Zeitlang still im Raum. Mit einem Gebet schließe ich den Abend und flüchte mich in einen Nebenraum, um dem Ansturm weiterfragender Leute aus dem Weg zu gehen. Ich bin zu erschöpft für weitere Gespräche und nehme mir Jesus zum Vorbild, der sich der Masse entzog, wenn es ihm zuviel wurde (vgl. Lk 5,15 f.).

26./27. Februar Hechingen

Die letzte Station unserer Tournee. Fünfzehn Religionslehrer verschiedener Schultypen haben sich zur Fortbildungsveranstaltung eingefunden, um über ihre Spiritualität, über Schulsorgen und den Umgang mit Bibel und Gebet zu sprechen. Ein schwieriges Feld, denke ich. Als ehemaliger Religionslehrer kenne ich ihre Sorgen sehr gut, weiß um die mangelnde Glaubensbereitschaft vieler Schüler, um die täglichen Frustrationen im Schulbetrieb. Ein reger Austausch findet statt. Ich versuche, praktische Empfehlungen zu geben, auf eigene Erfahrungen zurückzugreifen, Mut zu machen. Stellenweise erscheinen mir die Aussagen zu kopflastig, zu wenig affektiv und effektiv. Es wird bei den Teilnehmern der Wunsch laut, im nächsten Jahr nur praktische Entspannungsmethoden zu erlernen. Für sich selbst. Das erscheint mir sehr sinnvoll, auch hilfreicher für die eigene Streßbewältigung.

Tagungen dieser Art appellieren meist an den Intellekt; man wird mit Arbeitspapieren und Dokumenten überschüttet. Sie sollten mehr praktischen Bezug haben, den affektiven Bereich ansprechen.

Erschöpft, aber von der Gewißheit getragen, daß dies alles unter der Regie Gottes stand, packen wir unsere Koffer und treten die Rückreise nach Freising an. Ich bin froh, daß Guido am Steuer sitzt; er ist ein guter und umsichtiger Chauffeur. Auf der Gegenfahrbahn gibt es bei Ulm wegen dichten Nebels eine Massenkarambolage.

Am Abend ziehe ich vor dem Kreuz die Bilanz dieser Reise. Ich stelle fest, daß ich in manchen Aussagen noch zu sehr mich selbst verkündet habe. Ab und zu geht mir der Gaul durch: Dann spreche ich wie weiland Abraham a Santa Clara sehr deutlich und provokativ. Oder ist dies Ausdruck eines prophetischen Handelns? Ich bin nicht sicher, wann Gott durch mich spricht und wann mein Ego durchbricht. Schließlich tröste ich mich mit dem Gedanken, daß Gott auch die größten Sünder gebrauchen kann. Dann spreche ich ein Dankgebet auch dafür, daß der Golfkrieg zu Ende ist.

Gut katholisch

Die Bezeichnung »gut katholisch«, die eigentlich ein Qualitätsbegriff sein sollte, verliert immer mehr ihren positiven Aspekt. Wenn ich höre, daß jemand »gut katholisch« ist, bin ich nicht unbedingt hocherfreut. Solche Christen sind erfahrungsgemäß rechtgläubig, oft aber nicht recht gläubig. Zu oft bemerke ich bei ihnen eine wenig erlöste, einengende Lebensweise. Erich Fromm nannte sie »nekrophil«, das heißt todesfreundlich. Er meinte damit jene Lebensfeindlichkeit, die aus Angst vor Fehlern Talente vergräbt, aus Angst vor Gott religiöse Leistungen erbringt und aus Angst vor der fehlenden Lebensberechtigung so lange selbstlos ist, bis sie ihr Selbst los ist. Die »gut Katholischen« sind sehr darauf bedacht, daß ihr Ruf stimmt. Nur ja nicht auffallen, nur ja nicht auf originelle Ideen kommen. Was könnten sonst die Leute denken! Da wird das Leben nicht riskiert; man hält sich an die Normen und Gesetze; das war immer so, und da weiß man, was man hat. Großes Gezeter tritt ein, sobald die Kinder nicht mehr zur Kirche gehen wollen. Die gehen deshalb nicht mehr zur Kirche, weil ihnen diese Lebensweise unehrlich vorkommt und so wenig Freude vermittelt.

Sicher, nicht alle denken so. Ich rede hier nur von einer »gut katholischen« Sorte. In der Tat: Da erscheint einem manchmal das lockere Leben der Kirchenfernen erlöster als das Leben vieler Christen, die aus eigener Leistung sofort heilig werden wollen und dabei zu leben vergessen.

Ein junger Mann schrieb mir, daß seine Eltern gut katholisch seien; sein Vater sei Alkoholiker, die Mutter depressiv. Es gebe oft Streit um Kleinigkeiten. Sonntags gingen sie zur Kirche. Und er, der Sohn, wolle diese Heuchelei nicht mehr mitmachen. Er sei voller Schuldgefühle, obgleich er keine objektive Schuld an sich finde; er bekomme in diesem frommen Klima keine Luft mehr (er habe übrigens seit drei Jahren

Asthma) und habe vor, erst einmal Abstand zu finden von solcher Religiosität. Sonst laufe ihm das Leben weg.

Ich kann ihn gut verstehen. Gott gewiß auch. Ich habe das Gefühl, wer »gut katholisch« lebt, lebt nicht »evangelisch«, das heißt dem Evangelium gemäß. Das weist nämlich befreiende Wege auf: Da steht die Liebe über dem Gesetz.

Nicht unzählige religiöse Aktionen, nicht Belehrungen oder moralische Appelle vermögen einen Menschen zu Gott zu führen, ihm das Gefühl von Erlösung zu vermitteln, sondern einzig und allein die erfahrene Freude an diesem Gott. Nur derjenige, der seine Glaubensfreude lebt, steckt an. Dieses persönliche, existentielle Zeugnis hat tausendmal mehr Sprengkraft als die gescheitesten Argumentationen.

Ein kleiner Kreis von suchenden und betenden Menschen wird es sein, der die Kirche zu erneuern vermag. Diese wenigen Menschen werden den Geist Gottes in die Gemeinden bringen und sie für neue Gotteserfahrungen öffnen. Diese Menschen sind vornehmlich in Gebetskreisen zu finden, in kleinen geistlichen Gemeinschaften; aus ihnen werden auch die Priester der Zukunft kommen. Nur der Betende und Bibelmeditierende wird den Geist Gottes weitertragen können. Allein auf dem Hintergrund einer bewußt gewordenen Taufgnade ist es dem Menschen möglich, sein Leben in und mit der Kirche erlöster zu gestalten. Ich spreche aus eigener Erfahrung und auf Grund meiner Beobachtungen.

Während ich diese Zeilen schreibe, findet in Prag das Taizé-Europatreffen statt. 80 000 junge Leute beten, singen und leben als erlöste Christen in und um Prag und bestimmen in diesen Tagen das Stadtbild. Gleichzeitig sind hier in unserem Haus 50 Jugendliche zusammengekommen, um eine Woche lang gemeinsam zu meditieren, die Bibel zu lesen, zu beten, zu spielen, zu essen und zu feiern. Aus allen Teilen Süddeutschlands kommen sie. Ich setze meine ganze Hoffnung auf diese Menschen; denn sie sind zu Hause, in der Schule und am Arbeitsplatz das, was Jesus mit »Licht auf dem Berg« bezeichnet. Diese jungen Christen wissen um die Fehler und die Grenzen ihrer Kirche; die Freude, von Gott geliebt und gebraucht zu sein, weckt in ihnen die Fähigkeit, Sympathie mit der Kirche zu empfinden (sympathein = mitleiden, gemeinsam ertragen).

Viele Pfarrer sind erschöpft und resignieren, weil sie trotz ihrer Bemühungen keine Erfolge sehen. Einladungen zu Glaubenskursen oder Bibelabenden, zu Gebetstreffen oder Informationsgesprächen werden kaum angenommen. Die einen sind längst aus der Gemeinde »ausgezogen« und fühlen sich nicht angesprochen; die anderen halten sich für so gerecht und gläubig, daß sie für eine Korrektur ihrer geistlichen Haltung nicht mehr ansprechbar sind. Wie soll da Gemeinde erneuert werden?

Inzwischen sind etliche Pfarrer dazu übergegangen, fremde Seelsorger zur Durchführung von Glaubenskursen einzuladen und gezielt gerade die Fernstehenden, die Suchenden und mit ihnen auch die Aktiven der Gemeinde anzusprechen. In Flugblättern wird für solche Abendkurse, die sich über mehrere Wochen erstrecken, geworben. Wer kommt, kann sehr ermutigende Erfahrungen machen. Pfarrer berichten von regelrechten Bekehrungen, von Erneuerung des Tauf- und Eheversprechens, von Versöhnungen, von einem neuen Verständnis religiöser Wahrheiten, von der Erfahrung der geistlichen Freude. Viele bedienen sich dabei des Leitfadens »Neu mit Gott«, in dem Heribert Mühlen eine praktische Handreichung zur Glaubenserneuerung für kleine Gruppen und Gemeinden vorlegt.

Solche gemeinsamen geistlichen Erfahrungen sind zur Zeit besonders notwendig, da viele Christen der Kirche den Rücken kehren, weil sie sich unverstanden fühlen und manche (Fehl-)Entscheidungen der Kirche nicht mehr hinnehmen wollen. Das kann ich gut verstehen. Andererseits vermögen auch Fehler der Kirche den Heiligen Geist nicht zu verscheuchen. Wer zu seinen eigenen Grenzen stehen kann, wird auch Fehleinschätzungen von seiten kirchlicher Würdenträger hinnehmen können. Bei aller Geduld und Treue der Kirche gegenüber träume ich immer häufiger von einer Gemeinschaft, in der es statt Prälaten, Monsignori und päpstlichen Geheimkämmerern nur Brüder und Schwestern gibt, statt überarbeiteten und von ihren Ordinariaten oft alleingelassenen Pfarrern nur noch Seelsorgeteams, bei denen Priester und Laien zusammenarbeiten und statt Bürokratie vornehmlich Solidarität praktizieren. Sonst unterscheiden wir uns in nichts vom Gehabe der weltlichen Institutionen. »Bei euch soll es nicht so sein«, sagte Jesus (Mt 20,26). Die Fakten sprechen leider dagegen.

Ich habe dich gerufen

Oft habe ich mich gefragt, weshalb Gott mich nicht den normalen, direkten Weg zum Beruf des Seelsorgers gehen ließ. Heute weiß ich, daß er mir all diese Umwege zumutete, weil sie die besten Voraussetzungen für diesen Dienst schufen: Theologie, Psychologie, Psychopathologie, etliche Zusatzausbildungen, dazu Kenntnisse aus der bunten Trickkiste magischer Täuschungen, aber auch Konfrontationen mit dem Unheil wirklicher Magie und mit den neuartigen Symptomen okkulter Machenschaften, etwas, das die Hochschulausbildung nicht kennt.

Als mir dann auffiel, daß immer mehr Menschen aus immer weiteren Regionen kamen, um eine christliche Therapie zu suchen, ahnte ich die Richtung, in die mich Gott schicken wollte. Diese Menschen suchten Heilung von ihren seelischen Verletzungen, Befreiung von Selbstablehnung, Groll, Zorn und Ängsten, von Abhängigkeiten, Zweifel und Selbstzerstörung. Sie baten mich am Telefon, in Briefen und persönlichen Begegnungen um mein Gebet. Ich begriff, daß Gott mich in den Dienst der inneren Heilung stellen wollte. Jetzt wurde mir klar, daß alle vorangegangenen Studien und erworbenen Erfahrungen, auch persönlich erlittene Demütigungen zur Pädagogik Gottes gehörten.

Dabei wird mir unaufhörlich meine eigene Grenze und Verwundbarkeit bewußt; sie hindert mich daran, stolz zu werden, eine Gefahr, die in Heilungsberufen besonders groß ist. Mich beschämt, daß Gott mich trotz (oder wegen?) meiner Schwachheit gebrauchen will. Ängste, Zweifel und die Schwierigkeit, manches loszulassen, machen mir sehr zu schaffen. Ich danke den vielen Menschen, die für mich beten; ohne ihr Gebet hätte ich längst diesen anstrengenden Dienst aufgegeben. Ich mußte lernen, nein zu sagen, mir und anderen Schmerz zuzumuten, ausbleibende Erfolge anzunehmen, Eigenregie abzugeben, auf weiten Strecken einsam zu bleiben, von fundamentalistischen Christen abgelehnt zu werden und mich immer wieder Gott anzuvertrauen. Dabei ermutigen mich stets die vielen Briefe dankbarer Leser und Seminarteilnehmer und die meist überfüllten Vortragssäle. Die Menschen leiden an einem falschen Gottesbild, so daß sich die einen endgültig von Gott abwenden und die anderen sich einen passenden Götzen zurechtschmieden. Viele aber leiden unsäglich an ihrem Gott, eine Folge erlittener Demütigungen, mangelnder Zuwendung und existentieller Enttäuschungen. Der Mensch von heute sucht wieder die Spiritualität, nicht die Funktionalität; er sucht die Barmherzigkeit, nicht die Gesetzlichkeit.

Wenn der vorgezeichnete Weg so verläuft, wie ich ihn zu erkennen glaube, dann hoffe ich 1994 durch die Gnade Gottes zum Priester geweiht zu werden. Drei humorvolle Heilige begleiten mich dabei: Don Bosco, Don Filippo Neri, Don Camillo.

INHALT

Vorwort	5
Der Ernst des Lebens beginnt	7
Pfaffe, an die Tafel!	10
Prophet oder Scharlatan?	13
Die Krise	14
Neuer Startversuch	17
Abschied von Gott	18
Für einen Tag ins Gefängnis	20
Ich habe dich gerufen	22
Sahara-Reise	24
Merkwürdige Ereignisse	28
Die un-erhörte Bitte	32
Dritter Startversuch	35
Der Kampf in der Schule	37
Die Fata Morgana	40
Fluchtversuch	41
Eine Einladung	45
Bezaubernde Gaben Gottes	47
Der späte Besuch	50
Dunkelheit der Seele	51
Begegnung in 10000 Meter Höhe	54
Gott schickt einen Engel	55
Evangelisation auf Mallorca	56
Die Erfahrung des Bösen	58
Erneuter Ruf in Medjugorje	64
Gott antwortet	66
Der Aufbruch	68
Reise nach Kairo	70
Das Noviziat	72
Dreißig Tage Schweigen	76
Einüben ins Sterben	80
Arm, ehelos und gehorsam	83
Erster Einsatz	86
Ein gewöhnlicher Tag	88
Was Pallotiner tun	94
Gott im Management	97
Schwarzer Freitag?	100
Protokoll einer Vortragsreise	104
Gut katholisch	113
Ich habe dich gerufen	116

BÜCHER VON JÖRG MÜLLER IM
J. F. STEINKOPF VERLAG

Ein Christ
Gereimte Ungereimtheiten eines Betroffenen

Noch ein Christ
Andere Ungereimtheiten eines Betroffenen
Je 48 Seiten, 10 Karikaturen von Klaus G. Müller, kartoniert

Heitere Gedichtbändchen mit Illustrationen, die die Schwächen des christlichen Alltags trefflich und pointiert aufs Korn nehmen. Gedichte im Eugen-Roth-Stil für Suchende, Verirrte, Verwirrte, für jeden (Super-)Christen und für den, der keine Zeit zum müßigen Lesen hat. Ideale Geschenke für alle Anlässe.

Gott heilt auch dich
Seelische und körperliche Heilung durch einen
lebendigen Glauben. 96 Seiten, kartoniert

Hier wird eine christlich orientierte Lebenshilfe angeboten. Heilung ist möglich, wenn Selbstannahme, Vergebung und Hören auf Gottes Handeln geübt werden. Erfahrungen aus Gebetsgruppen sowie authentische Heilungs- und Glaubenszeugnisse liegen den lebendigen Schilderungen zugrunde.

Und heilt alle deine Gebrechen
Psychotherapie in christlicher Sicht
144 Seiten, kartoniert

Eine längst fällige Einführung in die biblisch-christliche Psychotherapie und Psychiatrie. Der Autor setzt sich kritisch mit den herkömmlichen Therapieverfahren auseinander.

Lebensängste und Begegnung mit Gott
160 Seiten, kartoniert

Die Voraussetzungen von Heilungen werden aus psychologischer und biblischer Sicht in verständlicher Weise dargelegt.

Stell dein Licht auf den Leuchter
Verständnis und Mißverständnis christlicher Demut
96 Seiten, kartoniert

Echte und falsche Demut werden untersucht, versteckte Selbstablehnung und fragwürdige Selbstlosigkeit werden aufgedeckt. Was meinte Jesus mit Selbstverleugnung? Der Verfasser zeigt auf, daß falsche Bescheidenheit zu Eitelkeit neigt und in verkappter Form nach Anerkennung sucht. Es geht um die rechte Weise der Demut, die Mut macht zu den eigenen Fähigkeiten, die auch gut zu sich selbst sein kann und sich nicht vor Auseinandersetzungen scheut.

Wege zum geistlichen Leben
128 Seiten, kartoniert

Es gibt Leute, die Gott suchen und froh sind, daß sie ihn nicht finden, weil sie sonst ein kompromißloses und konsequentes Leben führen müßten. Hier aber wird praktische Hilfe zu einem erlösten und gesunden christlichen Leben angeboten. Es werden normale und krankhafte Formen religiösen Lebens dargestellt; ebenso wird eine Spiritualität beschrieben, die mit normalen Problemen und Grenzerfahrungen zu tun haben darf. Der Verfasser warnt vor Irrwegen und Abwegen im Okkultismus.

Verrückt – Ein Christ hat Humor
16 Kapitel gegen Mutlosigkeit
Mit Alexander Diensberg. 144 Seiten, kartoniert

Mit Humor betrachtet, bekommen viele Probleme andere Aspekte. Jörg Müller schildert Situationen im Leben: Streß, Zorn, Eifersucht, Ungeduld, Unzufriedenheit, aber auch Sorge, Angst, Trauer und Verlassenheit. Mit ernsten und heiteren Texten, Gebeten, Versen und Geschichten um Gott vermittelt er ein befreiendes Gottesbild. Zu den einzelnen Themen hat Alexander Diensberg Lieder komponiert, die leicht zu singen und zu begleiten sind. Zwölf dieser Lieder sind auch auf MC und CD erhältlich.

J. F. Steinkopf Verlag Stuttgart